RÈGLES D'OR *pour* OBSERVER LES OISEAUX

Dans la même collection :
Les 101 règles d'or de la pêche
101 Incroyables Experiences à faire chez soi

À MA MÈRE,
À MON FILS.

Titre original : *101 Golden Rules of Birdwatching*

Traduit de l'américain par André Dommergues

Illustrations : Matt Pagett
Maquette : Ali Walper

ISBN : 978-2-7029-0765-8

Imprimé en Chine

www.editions-tredaniel.com
info@guytredaniel.fr

RÈGLES D'OR *pour* OBSERVER LES OISEAUX

DES CONSEILS PRATIQUES UTILES ET DES ANECDOTES AMUSANTES

Marcus Schneck

Le Courrier du Livre
29, rue de Condé
75006 Paris

SOMMAIRE

INTRODUCTION

Assis sur le rebord gelé d'une corniche rocheuse située près de chez moi, transpercé par une bise glaciale, j'attends qu'un pygargue à tête blanche emprunte l'ancien itinéraire de migration comme l'ont fait des milliers de ses prédécesseurs, et je me pose la question vieille comme le monde : pourquoi est-ce que je me donne tant de peine ? Non, je ne plaisante pas. Quel intérêt y a-t-il à observer les oiseaux en amateur que je suis ?

Même quand je suis transi et suffisamment démoralisé pour réfléchir à la question, je peux toujours trouver mille raisons. Certaines sont concrètes ; d'autres sont plus difficiles à préciser, car il s'agit de réactions plus éphémères et plus affectives à l'égard des oiseaux et de mon passe-temps. Mais, au fond, je sais très bien pourquoi je suis ornithologue : je suis passionné des oiseaux.

Dans les pages qui suivent vous trouverez de nombreuses raisons qui justifient ma passion. J'ai été très heureux d'évoquer mes souvenirs et toutes mes expériences passées qui donnent tant de charme à l'ornithologie. J'espère que vous éprouverez autant de plaisir à les lire que j'en ai eu à les évoquer.

Comment lire ce livre

Il ne s'agit pas d'un guide de terrain, d'un manuel d'initiation ou d'un traité sur la sagesse qu'on acquiert en observant les oiseaux. Bien sûr, vous trouverez dans ces pages certains de ces aspects. Cependant, si vous emportez ce livre avec vous, ce sera un compagnon agréable, certes, mais il ne vous aidera pas vraiment à identifier un grand nombre d'oiseaux. Dans ce petit volume vous ne trouverez pas d'études méthodiques, sauf exceptions. Et, bien que la science figure en bonne place,

Le monde de l'ornithologie est d'une grande richesse. Même les humbles étourneaux, que beaucoup considèrent comme nuisibles, peuvent se rassembler en vols fantastiques et faire des acrobaties aériennes incroyables dans le ciel au crépuscule.

elle aura un rôle limité qui consiste à soutenir le débat.

Si vous souhaitez lire ce livre d'un bout à l'autre, j'en suis ravi. Mais, à vrai dire, je l'ai conçu comme un ouvrage à feuilleter de-ci de-là, à votre gré.

J'espère que vous découvrirez quelque chose de nouveau dans ces pages. Si vous êtes un ornithologue chevronné avec « une liste de coches » longue comme le bras des oiseaux que vous avez déjà vus – au cas où vous l'ignorez, je vous expliquerai ce qu'est cette liste – peut-être y a-t-il quelque chose que vous pourrez apprendre, ou peut-être pourrez-vous découvrir une autre façon de procéder lors d'un nouveau repérage. Si vous êtes un néophyte, vous avez devant vous la perspective d'un bon nombre d'années sur le terrain, au cours desquelles l'intuition jouera son rôle. Et, finalement, si vous venez de prendre ce livre sur une étagère dans un moment de pure curiosité et que vous n'avez jamais envisagé d'observer les oiseaux, alors j'espère que ces pages seront suffisamment attrayantes pour vous inciter à aller dans la bonne direction.

Remarque personnelle

Cela fait des dizaines d'années que je poursuis les oiseaux et j'ai écrit une douzaine de livres sur ce sujet. Cependant je n'ai jamais écrit de livre tout à fait semblable à celui-ci. Je n'ai jamais présenté sous cette forme dans mes ouvrages précédents certaines des questions posées ici et auxquelles j'espère donner une réponse.

La liste de coches, la hâte avec laquelle on se précipite à la recherche d'un oiseau rare, l'effort pour être le premier à signaler un nouveau site ne m'ont jamais grandement fasciné. J'ai toujours trouvé intéressant d'être confronté au monde de la nature.

En conséquence, au cours des années passées j'ai recueilli de nombreuses anecdotes, j'ai acquis des masses de connaissances et une réserve inépuisable d'opinions. Les pages que vous avez maintenant entre les mains vous font part de tous ces petits riens qui n'avaient jamais trouvé leur place dans aucun de mes autres livres. Ici j'ai pu explorer mes pensées et mes expériences en abordant des thèmes variés : la chance qu'on peut avoir quand on observe les oiseaux, la compétition entre les observateurs, les sites où on peut trouver des oiseaux et des douzaines d'autres sujets tout aussi variés.

Bien sûr, tout ornithologue amateur a son propre lot d'anecdotes, de suggestions et de tactiques. C'est mon expérience, en tant qu'homme de terrain et en tant qu'écrivain, qui m'a donné la chance d'avoir recours à l'écriture. Mais cela ne signifie pas qu'on doive considérer mes remarques comme faisant autorité. J'ai mis beaucoup de réflexion dans ces propos, mais je détesterais que vous pensiez que je suis dogmatique. Presque autant que l'énorme variété d'oiseaux, c'est la variété infinie d'individus, de techniques, de réglementations qui fait de l'ornithologie un passe-temps si séduisant. Je vous en prie, n'hésitez pas à ne pas être d'accord avec moi et à discuter mes affirmations entre amis – après tout, ce sont ces innombrables opinions et ces discussions passionnées qui nous font progresser. J'espère que vous glanerez quelques idées dans cet ouvrage, mais j'espère surtout que cela accroîtra dans une certaine mesure le plaisir que vous donnent les oiseaux et leur observation en amateur. Bon courage !

POURQUOI OBSERVER LES OISEAUX ?

Nombreux sont ceux d'entre nous qui peuvent refuser de l'admettre, mais la chasse est programmée dans nos gènes. Cela ne signifie pas que nous allons tous nous précipiter chez l'armurier pour acheter un fusil et tirer sur le premier oiseau venu. Mais cela explique, dans une certaine mesure, la passion qui anime de nombreux ornithologues. Si ce n'est pas l'excitation de la poursuite et la découverte de la proie (il s'agit de l'observer, non pas de la manger), alors qu'est-ce qui peut bien inciter un si grand nombre d'entre nous à entreprendre une poursuite aussi difficile ? C'est par l'observation des oiseaux que se manifestent nos anciens instincts sous une forme qui n'est pas meurtrière.

En tant qu'ornithologues, nous ne tuons pas notre proie mais, en fait, nous nous soucions de son bien-être. Cependant ne croyez pas que nous sommes tellement différents de nos aïeux primitifs. L'histoire et la préhistoire abondent en preuves que nos ancêtres avaient infiniment de respect pour les animaux qu'ils chassaient et que ces créatures, notamment les oiseaux, étaient au cœur de leurs pratiques religieuses.

Le monde qui nous entoure

À côté de ce respect de la vie sauvage existe un intérêt partagé pour l'environnement. Jadis les hommes étaient beaucoup plus proches de l'écosystème dans lequel ils vivaient, et comprenaient mieux la relation qu'ils entretenaient avec lui. Cependant, au cours des siècles, les progrès de la technologie ont considérablement augmenté l'impact de l'activité humaine sur la planète.

Maintenant que les preuves de la dégradation de l'environnement sont manifestes, de plus en plus de gens sont prêts à intervenir. À la tête de ce mouvement se trouvent ceux dont la passion pour la vie au grand air signifie qu'ils n'ont jamais perdu de vue le rôle que l'homme doit jouer vis-à-vis de l'environnement et, parmi eux, on compte un grand nombre d'ornithologues. Les gens que leur vie quotidienne éloigne des rues de nos villes et de nos cités peuvent mesurer l'impact de l'homme. Cet impact n'est que trop clair : plus l'environnement est médiocre, moins nous pouvons observer d'oiseaux et moins grand est notre plaisir.

D'un point de vue pratique, l'ornithologue peut agir sur ce qui concerne l'environnement. Il peut fournir des données concrètes, que les scientifiques utiliseront pour leurs recherches.

Les avantages que nous retirons

Ils sont nombreux grâce à l'ornithologie. Nous quittons nos maisons et nos bureaux climatisés et nous échappons au stress de la vie quotidienne. Le monde de la nature nous aide à nous détendre et offre aussi un changement de perspective rafraîchissant par rapport à notre vie trépidante.

Si vous la prenez un peu plus au sérieux, l'ornithologie peut même vous offrir un stimulant bénéfique. Attendre des mois pour apercevoir tel ou tel oiseau insaisissable dans les bois proches de chez soi, se démener sous la pluie battante pour identifier un oiseau ou prendre une photo exceptionnelle d'un oiseau en plein vol, tout cela peut être très excitant.

Bien sûr, cette activité est bénéfique pour votre santé et vous respirez à pleins poumons un air merveilleusement pur. Plus vous pratiquez votre passe-temps loin de votre jardin, plus vous découvrez de nouvelles possibilités, et vous trouverez d'autant plus de sites favorables pour observer les oiseaux que vous aurez parcouru de longues distances. Certes, vous n'êtes pas obligé d'aller à pied : pourquoi ne pas prendre un kayak ? Le grand avantage de l'ornithologie, c'est que, quel que soit votre âge ou quelles que soient vos capacités, vous êtes maître de vos déplacements.

Les ornithologues, une race à part ?

L'image de l'ornithologue solitaire, bizarrement accoutré, sérieux comme un pape, a vécu. En réalité les ornithologues amateurs jouissent autant de la compagnie de leurs semblables que n'importe quels autres amateurs. Leurs activités se déroulent souvent dans un environnement social enjoué, avec des sorties de club, des vacances consacrées à leur spécialité et, de nos jours, des groupes de discussion en ligne.

L'ornithologie est aussi une excellente façon de faire découvrir les merveilles de la nature à la nouvelle génération. Au début, il peut être pénible de faire sortir les enfants et de les arracher à la télévision, mais souvent ils ne tardent pas à devenir des accros et à vous entraîner dehors chaque fois que l'occasion se présente.

Alors, quel genre d'ornithologue suis-je ? Je ne dresse pas de listes de tous les oiseaux que j'ai vus, bien que je comprenne pourquoi les gens le font. Je n'excelle pas à identifier les oiseaux en les voyant ou en les entendant. Non, je me réfère à des ouvrages et à des enregistrements de spécialistes pour procéder aux identifications sur le terrain. Bref, je ne suis pas un champion en ornithologie. Pourtant, cela fait des décennies que j'écris sur ce sujet et, même maintenant, je découvre tous les jours qu'il y a toujours plus de choses à apprendre sur les oiseaux.

Je fais régulièrement des petites expéditions pour voir des espèces particulières et – ce qui agace considérablement mes proches – je ne manque jamais d'arrêter ma voiture pour mieux voir tel ou tel oiseau, mais ces dernières décennies m'ont appris que l'ornithologie ne consiste pas simplement à cocher des oiseaux sur une liste.

Revenons à la question initiale : pourquoi être ornithologue ? Nous avons déjà considéré quelques bonnes raisons, mais il y en a bien d'autres que j'espère vous révéler au cours des pages qui suivent et cela pour votre plaisir.

Bien différents des excentriques de jadis, les ornithologues amateurs modernes proviennent de tous les horizons. Chacun pratique son passe-temps à sa façon – qu'il soit l'ornithologue occasionnel qui se contente de son jardin ou l'ornithologue impénitent fou des oiseaux.

L'ART DE LA PATIENCE

Benjamin Franklin a donné jadis ce conseil : « Celui qui sait être patient obtient ce qu'il veut. » Ce génie du bon sens, qui suggéra que le dindon serait un meilleur symbole que l'aigle pour les États-Unis, n'avait pas la réputation d'être un ornithologue d'envergure – c'est un des rares talents que ne possédait pas ce grand homme. Cependant cette opinion sonne particulièrement juste aux oreilles de ceux d'entre nous qui ont une certaine expérience de l'observation des oiseaux.

La patience n'est pas seulement une vertu, c'est un des outils les plus importants dont a besoin l'ornithologue. Qui sait attendre ... au bon endroit et au bon moment est récompensé.

Les oiseaux, dont un grand nombre se trouve à mi-parcours de la chaîne alimentaire, sont ombrageux de nature. Ils sont prudents, vigilants et attentifs à toute menace éventuelle. Il leur faut du temps pour se montrer lorsqu'on s'introduit dans leur habitat ou lorsque quelque chose semble les menacer jusqu'à ce que les circonstances ou l'accoutumance leur révèlent qu'il n'en est rien.

L'ornithologue prêt à faire une pause et à attendre sera récompensé car la proie reprend lentement sa routine. Un cri lointain, puis un autre encore plus proche finiront par retentir, suivis d'un mouvement entrevu, et puis, si on a de la chance, la récompense finale.

Si attendre un quart d'heure qu'un moineau se montre vous semble être un défi trop important, alors pensez à ces hommes qui ont prétendu redécouvrir le pic à bec d'ivoire dans les zones humides du sud-est des États-Unis. Ils ont passé des milliers d'heures à la recherche d'une espèce que leurs détracteurs affirmaient avoir disparu définitivement dans les années quarante.

EN QUÊTE DE PATIENCE

Si on excepte une courte prière – Seigneur accordez-moi la patience... maintenant ! – la patience est un talent qu'il convient d'apprendre et de développer. On peut l'acquérir en prolongeant de plus en plus les heures de concentration.

Pour la majorité des gens la patience est une vertu. Pour les ornithologues, c'est une nécessité. En termes simples, les oiseaux extraordinaires se montrent à ceux qui sont patients.

Asseyez-vous simplement sur une bûche à proximité de chez vous ou sur un banc et obligez-vous à y rester un quart d'heure. Bougez aussi peu que possible et ayez pleinement conscience de tout ce qui se passe autour de vous. Notez clairement dans votre esprit tout ce que vous remarquez. Répétez cet exercice tous les jours pendant une semaine ou deux, en allongeant votre temps de pause de quelques minutes chaque jour, jusqu'à ce que vous n'ayez plus l'impression que ce soit une corvée.

Si cet exercice simple ne vous convient pas, voici une approche à caractère introspectif.

D'abord essayez de comprendre pourquoi vous n'êtes pas patient. Qu'est-ce qui vous empêche de l'être ? Regardez en vous-même. Y a-t-il en vous des déclics qui déclenchent votre impatience ? Qu'est-ce qui le plus souvent ou le plus régulièrement vous fait perdre patience ? Y a-t-il des déclics en provenance de l'extérieur que vous ne savez pas contrôler ? Cherchez une façon de les contrôler quand vous observez les oiseaux. En cas d'échec, quelques respirations profondes, lentes, bien rythmées peuvent opérer de véritables miracles.

Et maintenant que vous avez été si patient, voici une autre citation de l'auteur indien Eknath Easwaran : « On ne peut acquérir la patience du jour au lendemain. C'est comme pour les muscles. Des exercices quotidiens sont indispensables. » En d'autres termes, soyez patient dans votre recherche de la patience.

Questions d'ornithologie

Ne stressez pas les oiseaux que vous observez.

C'est facile de se sentir tout excité à la pensée de voir un oiseau que vous n'avez jamais encore aperçu ; peut-être espérez-vous même prendre une photographie sensationnelle. C'est facile de se passionner et de s'approcher trop près de l'oiseau. Alors, pour l'oiseau, vous êtes un facteur de stress.

Nous, les hommes, nous sommes sensibles au stress que nous détestons. Fût-il deux fois plus fort, il ne saurait égaler le stress que ressent l'oiseau lorsque l'attaque d'un prédateur est imminente. Le stress avertit que le changement d'habitat peut être nécessaire pour survivre. Il vide l'oiseau de l'énergie qui lui est indispensable pour s'enfuir loin de ce qui en est la cause.

L'ornithologue doit tout d'abord rester cool. Évitez de stresser les oiseaux que vous observez. Non seulement cela vaudra mieux pour eux, mais vous-même, vous trouverez l'expérience que vous vivez d'autant plus apaisante et agréable.

De nos jours même les appareils les plus simples ont des objectifs assez puissants pour que vous restiez à bonne distance de votre sujet.

BRÈVE HISTOIRE DE L'ORNITHOLOGIE

Il y a près de 30 000 ans, un ornithologue se faufila dans une grotte située sur le continent qu'on appelle de nos jours l'Europe et peignit un oiseau sur la paroi. Pour être honnête, ce n'est pas une représentation très exacte – il n'y a point de référence, rien qui permette d'identifier l'espèce. Cependant l'image témoigne de la façon dont depuis des millénaires nous observons les oiseaux et partageons nos observations les uns avec les autres.

Ces premiers ornithologues qui peignaient dans les grottes et leurs semblables avaient des raisons d'ordre utilitaire qui les incitaient à observer les oiseaux dans leur environnement. Les oiseaux étaient une source de nourriture et ils fournissaient aussi de quoi fabriquer des ornements. Les os de près de cent espèces d'oiseaux qui ont été identifiés dans des fouilles faites dans des sites occupés par des hommes de l'Âge de la pierre en sont la preuve.

Notre fascination pour les oiseaux est peut-être devenue moins utilitaire au cours des siècles, mais le désir de communiquer les résultats de nos observations ne nous a jamais quittés.

En Inde les anciens Védas, qui ont été écrits de 1500 à 800 avant Jésus-Christ, décrivent comment le coucou d'Asie a occupé le nid d'autres espèces. Le philosophe grec Xénophon, au quatrième siècle avant Jésus-Christ, a mentionné dans son *Anabase* diverses espèces d'oiseaux, y compris une sous-espèce d'autruche maintenant disparue. Vers la même époque, dans son *Histoire des Animaux*, Aristote publiait des remarques sur le comportement des oiseaux, par exemple la ponte des œufs, la migration et la mue.

LES PREMIERS GUIDES DE TERRAIN

Lorsqu'il a essayé de faire quelque chose qui ressemblait à un guide de terrain, Pierre Belon, dans son *Livre des Oiseaux* paru en 1555, a décrit environ 200 espèces. Puis, environ 50 ans plus tard, Ulisse Aldrovandi a publié 363 volumes sur les plantes et les animaux, y compris les quelque 2 000 pages de son *Ornithologie*. Encore plus tard, au milieu du dix-septième siècle, Christopher Merrett a établi la première liste des oiseaux britanniques dans son *Traité d'histoire naturelle britannique*. Mais les écrits de cette période sont-ils comparables aux ouvrages publiés aujourd'hui ? Eh bien, pour vous en donner une idée, voici un passage tiré des *Notes sur l'Histoire Naturelle du Norfolk* de sir Thomas Browne, ouvrage publié en 1662 :

« Une sorte de cigogne a été blessée par balle à l'aile en bord de mer près de Hasburrowe et on me l'a apportée vivante ; elle avait environ un mètre de haut, une tête rouge, des pattes et un bec colorés ; les serres ressemblaient à des ongles humains, comme les décrit Hérodote à propos de l'ibis blanc d'Égypte. »

Cet intérêt croissant fit que les ornithologues s'organisèrent mieux, et la « Société des Ornithologues Britanniques », une des sociétés les plus anciennes du monde, fut fondée en 1858.

De l'autre côté de l'Atlantique, les Américains aussi faisaient de grands efforts pour publier leurs observations. Mark Catesby a défriché un nouveau domaine en publiant son *Histoire Naturelle de la Caroline, de la Floride et des Bahamas,* avec des planches en couleur détaillées, de 1731 à 1746. En 1820 John James Audubon, espérant sortir sa famille de l'indigence, combina ses talents artistiques avec l'idée qu'il avait des oiseaux, et se mit à décrire toutes les espèces d'Amérique. De 1827 à 1838, Audubon et le graveur Robert Havell publièrent *Les Oiseaux d'Amérique*, qui comprenait 435 illustrations peintes à la main. L'ouvrage imprimé sur de grandes feuilles de 75 x 100 cm faisait figurer des oiseaux grandeur nature. Ce n'était pas un guide vraiment pratique.

Les cent dernières années

Au début des années 1900 l'ornithologie dépendait en grande partie de la chasse et de la collecte de spécimens afin qu'on puisse les observer de près et les dessiner avec exactitude. Il incomba à Ludlow Griscom, qui conduisit des expéditions pour le Musée de Zoologie Comparative d'Harvard dans les années 1920 et 1930, de suggérer qu'on pouvait identifier les oiseaux sans commencer par les tuer.

Cependant, à cette époque, les guides restaient plutôt confus. Il en fut ainsi jusqu'à ce que Roger Tory Peterson publiât en 1934 *Un Guide pour les Oiseaux.* L'ouvrage, en format de poche, concernait les oiseaux de l'est des États-Unis. Il comportait des illustrations claires et simples, et des descriptions toujours exactes.

Plus récemment, David Allen Sibley, dans *Le Guide Sibley des Oiseaux*, passe pour avoir accompli de nouveaux progrès. Ainsi il présente des illustrations différentes pour chaque espèce, si bien que l'on peut faire facilement des comparaisons entre les différents plumages d'une espèce aussi bien qu'entre les plumages semblables d'espèces différentes.

Tout ceci nous amène à la période la plus récente. Il est clair que beaucoup de choses ont changé, il est également évident que, fondamentalement, beaucoup de choses sont restées identiques.

On a découvert dans des grottes des peintures datant de 30 000 ans. Elles représentent clairement des créatures qui ressemblent à des oiseaux. Peut-être s'agit-il de prototypes en pierre des manuels d'ornithologie contemporains ?

L'ÉVOLUTION ET LA DIVERSITÉ

Il y a environ 220 millions d'années, un groupe de dinosaures bipèdes connus sous le nom de théropodes (du grec « aux pieds de bête ») apparut et domina la fin du trias et du crétacé. Leur règne continua jusqu'à il y a environ 65 millions d'années lorsqu'un événement les anéantit presque tous, mais pas avant qu'ils aient engendré les premiers ancêtres des quelque dix mille espèces d'oiseaux que nous connaissons aujourd'hui.

Les fossiles de l'*archéoptéryx*, le plus vieil oiseau connu – mais cependant pas l'ancêtre direct des oiseaux modernes – montrent des ressemblances remarquables avec les fossiles des théropodes, y compris les pieds pourvus de trois orteils, le bréchet, les os creux et, dans certains cas, le plumage et la capacité de pondre des œufs. On a découvert plus récemment en Chine un autre exemple d'un des premiers oiseaux, le *confuciusornis*, bien qu'on ne pense pas qu'il ait un rapport direct avec les oiseaux d'aujourd'hui.

L'archéoptéryx – le plus vieil oiseau connu.

Encore plus récemment on a fait une autre découverte : le *dromaéosaure cryptovolans*. C'est un dinosaure à plumes, qui semble avoir été capable de voler réellement. De là on en est venu à supposer – ce qui est sujet à discussion – que ces premiers dinosaures, l'*archéoptéryx* et le *confuciusornis* à plumes ont en fait évolué à partir des premiers oiseaux authentiques, plutôt que le contraire.

Quel que soit celui qui est venu le premier, l'oiseau ou le théropode ailé, la science semble prouver que des créatures volaient il y a au moins 150 millions d'années.

Quand les dinosaures ont disparu il y a quelque 65 millions d'années – avant que les mammifères aient évolué pour devenir autre chose qu'une collection de petits animaux pareils à des rongeurs – les oiseaux ont commencé à occuper des « niches » partout dans le monde. Dans certains sites ils semblent même avoir acquis le statut de grands prédateurs, en prenant l'aspect d'oiseaux coureurs, judicieusement dénommés phorusrhacidés ou « oiseaux qui sèment la terreur ».

ÉVOLUTION ET ADAPTATION

Bien que les « oiseaux qui sèment la terreur » n'aient pas réussi à garder leur statut, cela ne veut pas dire que d'autres oiseaux ne sont pas parvenus à remplir des niches avec succès. La capacité de voler et l'adaptabilité du bec ont souvent donné à de nouvelles espèces un avantage dans la compétition au sein de leur écosystème.

Depuis les manchots empereurs de l'Antarctique jusqu'au magnifique quetzal des tropiques, les oiseaux ont évolué pour tirer parti d'environnements de toutes sortes. Par exemple les oiseaux-mouches des Amériques ont développé un bec extraordinairement long et étroit, avec une langue encore plus longue et plus mince pour récolter le nectar des fleurs. De l'autre côté du globe, dans les Alpes de Nouvelle-Zélande, le pluvier anarhynque se sert de son bec unique recourbé de côté pour aller fouiller sous le rebord des grosses pierres. Pendant ce temps-là la spatule, espèce très répandue, agite son bec de droite et de gauche dans les eaux peu profondes pour créer des courants ascendants qui attirent vers la surface les petits poissons et les crustacés.

L'impact de l'homme sur les oiseaux

Chacun peut avoir son idée sur les prochaines étapes de l'évolution des oiseaux. Mais, ce qui est certain, c'est que les hommes, désormais l'espèce dominante, joueront un rôle majeur dans les développements à venir.

Cet impact n'est pas si mauvais, si on pense à la réintroduction en Angleterre du milan rouge, jadis persécuté, et le retour du merle bleu d'Amérique facilité par l'installation de dizaines de milliers de nichoirs dans l'est des États-Unis.

Cependant il est probable que les mauvaises nouvelles continueront de l'emporter sur les bonnes au cours des prochaines décennies. Depuis 1500 nous avons perdu au moins 150 espèces d'oiseaux. Nous perdons actuellement une espèce d'oiseau par an à cause de la destruction de l'habitat, du manque de réglementation de la chasse, de l'introduction d'espèces exotiques invasives, des changements climatiques et d'autres facteurs. Pire encore, on prévoit que ce taux passera à dix espèces par an à la fin du siècle.

Les oiseaux qui ont la meilleure chance de survie sont ceux qui tolèrent le mieux notre impact sur la planète. Ainsi s'accroît la population des vautours noirs qui festoient sur les montagnes de détritus et qui nichent dans les gratte-ciel de Sao Paulo au Brésil. Et les faucons pèlerins, que l'on a réintroduits et qui chassent les pigeons le long des falaises artificielles des villes, prospèrent aux États-Unis.

Personne ne peut déchiffrer l'avenir, mais aussi terrifiant qu'il puisse être, cela peut valoir la peine de se souvenir que les oiseaux ont survécu à la catastrophe qui a anéanti les dinosaures. Peut-être parviendront-ils à nous survivre également.

Grâce à l'installation de dizaines de milliers de nichoirs dans tout l'est des États-Unis, le merle bleu d'Amérique est de retour.

LA CHANCE AU RENDEZ-VOUS

Bien sûr une grande partie de l'observation des oiseaux est une affaire de chance : il faut se trouver au bon endroit, au bon moment. Nombreux sont ceux qui sont inséparables de leurs fétiches : leur chapeau, leur paire de bottes et leurs jumelles porte-bonheur, en un mot tout ce qui est lié à leur activité et est associé aux caprices de la chance.

Parlez à n'importe quel ornithologue n'importe où, il ne manquera pas de faire allusion au « coup de pot » qui lui a permis de regarder juste au bon endroit pour cocher une autre espèce sur sa liste, ou d'apercevoir l'espèce rare qui l'avait obligé à rouler pendant des heures en voiture afin de la voir.

Sur Internet vous trouverez plus d'un blogger qui signale le caractère fantasque du dieu de l'ornithologie : il donne d'une main, il enlève de l'autre – ce qui arrive le plus souvent. La chance n'a-t-elle pas tendance à conduire un ornithologue sur un site exceptionnel juste après que l'oiseau rare s'est envolé ?

TOUT EST DANS VOTRE ESPRIT

Le psychologue Richard Wiseman a passé des années à étudier la chance. Dans son ouvrage *Le Facteur Chance*, il démontre que tous les types de chance sont le résultat d'habitudes qui peuvent être évaluées, définies et souvent modifiées.

Par exemple les gens qui ont de la chance ont tendance à être plus extravertis et conscients, ce qui leur procure naturellement beaucoup plus d'occasions d'être favorisés par la chance. Ils sont également prêts à tourner à leur avantage tout ce qui se présente. De plus, ces gens voient plutôt le verre à demi plein qu'à demi vide, ce qui peut les aider à remarquer le caractère positif de la chance là où d'autres pourraient remarquer seulement son caractère négatif.

UN ORNITHOLOGUE CHANCEUX

Si on excepte des circonstances telles que les conditions météorologiques, on peut dire que les ornithologues créent leur propre chance. On peut prendre en compte l'opinion de Thomas Jefferson : « Je crois beaucoup à la chance, et je m'aperçois que plus je travaille dur, plus j'ai de chance. »

Dans le monde des ornithologues, la chance sourit le plus souvent et le plus régulièrement à ceux qui, tout en prenant leur temps, font l'effort de se poster au bon endroit, au bon moment, se mettent dans la bonne disposition d'esprit et emportent l'équipement approprié pour tirer le meilleur parti de la situation.

Cependant il y a des moments où même les plus optimistes d'entre nous peuvent trouver une consolation dans les propos du poète Jean Cocteau : « Bien sûr que je crois à la chance. Comment expliquer autrement le succès de certaines personnes que vous détestez ? »

Trouver un trèfle à quatre feuilles n'est pas aussi difficile qu'on pourrait le croire. De même, les ornithologues qui ont le plus de chance sont plutôt les personnes les plus patientes et les mieux informées.

UNE LEÇON DE LATIN

Au quatrième siècle avant Jésus-Christ, avant que bien d'autres y aient prêté grande attention, Aristote pensa qu'on pourrait classer les animaux selon la façon dont ils se reproduisent et selon qu'ils ont ou non du sang rouge. Alors que la zoologie accomplissait de grands progrès aux dix-septième et dix-huitième siècles, un tel système s'avéra tout à fait inadéquat et des méthodes différentes ne firent guère qu'ajouter à la confusion.

En 1735, Carl von Linné, le naturaliste suédois, publia son *Système de la Nature*, la base de la méthode que nous utilisons encore aujourd'hui. En 1758, il mit au point une nomenclature qui concernait 4 400 espèces d'animaux. Cinq ans plus tôt, il avait fait la même chose pour 7 700 espèces de plantes.

Chaque oiseau a un nom scientifique double. Le premier mot latin indique le genre et le second indique l'espèce, par exemple Phœnicurus ochruros, le rouge-queue noir.

La nomenclature binomiale

Le système établit la classification en partant du plus grand – pour les oiseaux c'est *Animalia* – pour aller jusqu'au plus petit, c'est-à-dire une espèce particulière. Dans ce système basé sur la nomenclature binomiale, on donne à chaque espèce une appellation latine en deux parties.

La première partie de cette appellation scientifique indique le genre ou le groupe auquel l'espèce appartient, tandis que la seconde identifie l'espèce elle-même. Ainsi, les noms *Spizella passerina* et *Spizella arborea* révèlent que le bruant familier et le bruant hudsonien sont deux espèces très proches tandis que le bruant chanteur (*Melospiza melodia*) appartient à un genre différent. Leur nom en français – ou pire encore, leur nom vernaculaire, qui peut varier d'une région à l'autre – ne donne pas la même précision.

Le système binomial permet aussi à une sous-espèce d'être désignée par un troisième terme ; par exemple le bruant familier d'Orient (*Spizella passerina passerina*).

Si vous prenez des notes, l'usage est d'écrire le nom scientifique en italiques et la première lettre du genre en capitale. Quand il est indiqué à côté du nom courant, le nom scientifique est généralement écrit en seconde position et mis entre parenthèses.

Quand on présente une liste d'espèces, tous les noms répertoriés après le premier peuvent avoir leur genre écrit en abrégé. Par exemple *Phoenicurus ochruros*, *P. phoenicurus* et *P. moussieri* pour le rouge-queue noir, le rouge-queue à front blanc et le rouge-queue de Moussier.

INTRODUCTION À L'ANATOMIE DES OISEAUX

Au cours des millions d'années d'évolution, les oiseaux ont subi de nombreuses modifications anatomiques correspondant à des adaptations dont beaucoup ont facilité leur vol. Un squelette léger, qui comprend des os creux mais solides, et des muscles légers mais puissants, sont deux des éléments principaux qui permettent aux oiseaux de voler. De plus ils y sont aidés par un système respiratoire et un système circulatoire capables de faire circuler dans le corps de grandes quantités de sang et d'oxygène.

LA RESPIRATION

Des sacs d'air, qu'on ne rencontre que chez les oiseaux, sont essentiels pour un système respiratoire de grande capacité. Comme un soufflet, les sacs se remplissent d'air et le font passer dans les poumons, en maintenant un volume régulier d'air frais dans tout le système. Quand l'oiseau inspire, la moitié de l'air entre directement dans les sacs d'air postérieurs et la moitié traverse les poumons et entre dans les sacs antérieurs. À l'expiration, l'air des sacs antérieurs est évacué, tandis que l'air des sacs postérieurs entre dans les poumons. Comme il n'y a pas de mélange d'air riche en oxygène venu de l'extérieur et d'air appauvri en oxygène venu de l'intérieur, c'est un système très efficace.

N'ayant pas de diaphragme qui joue un rôle important dans la respiration, les oiseaux se servent de tout leur corps pour la susciter, en contractant leurs muscles, ce qui provoque l'expiration.

LA DIGESTION

Le système digestif de nombreux oiseaux a également évolué dans une direction unique. Le long de l'œsophage se trouve une petite poche musculaire appelée jabot, où est emmagasinée et ramollie la nourriture. Le jabot règle aussi le rythme auquel la nourriture traverse le système digestif, qui comprend aussi le gésier – connu sous le nom scientifique de *ventriculus*. Le gésier comprend quatre bandes de muscles qui écrasent la nourriture et la font circuler. Chez certaines espèces, c'est aussi l'endroit où l'oiseau stocke des petits grains de sable pour faciliter le processus de broyage. (Il est intéressant de constater que le système digestif des dinosaures utilisait des mécanismes semblables. On a retrouvé des pierres de gésier fossilisées nommées gastrolithes.)

LE VOL

Le vol est la manière de se déplacer que rend possible l'anatomie de nombreux oiseaux. Le squelette robuste et léger de l'oiseau est un facteur primordial, car les os d'oiseaux sont creux. Signalons aussi que les grands oiseaux qui s'élèvent à la verticale comme les aigles ont en général un plus grand nombre de ces os creux, tandis que les os des oiseaux coureurs sont compacts.

Non seulement les os des oiseaux qui volent doivent être légers, ils doivent également être résistants et ceux de nombreux oiseaux sont fusionnés. La clavicule – connue sous le nom de bréchet – est du nombre ; tandis que le sternum très développé de l'oiseau contribue aussi à soutenir les muscles puissants nécessaires pour le vol.

Autres exemples d'os fusionnés : le carpométacarpe de l'aile qui résulte de la fusion du carpe et du métacarpe, et les

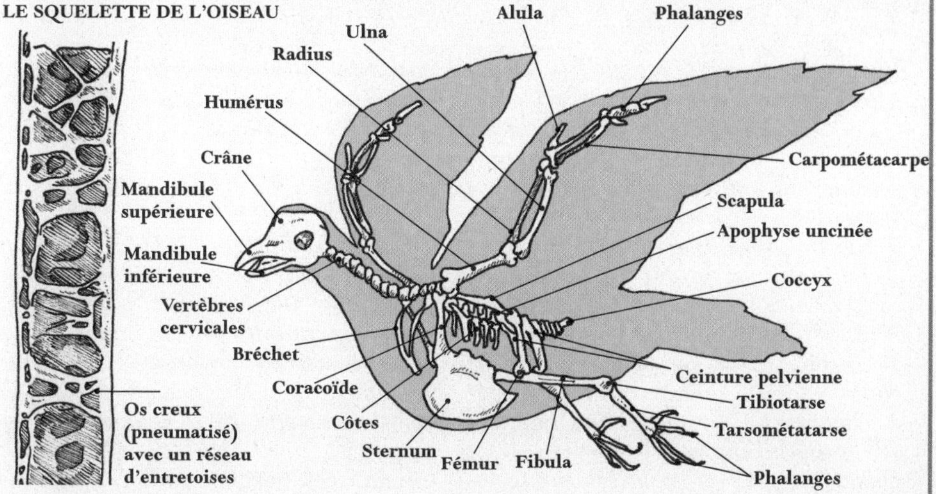

Le squelette de l'oiseau révèle beaucoup de choses sur la spécialisation d'une espèce particulière, sans parler des liens durables entre les oiseaux et le reste du règne animal.

hanches où l'ilion, l'ischion et le pubis sont fusionnés et forment l'os iliaque. Alors que le carpométacarpe soulève les ailes en les raidissant et exerce une poussée pour permettre le vol, les os iliaques permettent la ponte des œufs. Ce qui peut surprendre, les oiseaux ont beaucoup plus de vertèbres cervicales – de 13 à 25 – que bien d'autres animaux, ce qui a pour conséquence leur incroyable souplesse du cou.

La plupart des oiseaux ont environ 175 muscles attachés à leur squelette. Les plus gros, du moins chez les oiseaux capables de voler, sont les pectoraux qui permettent aux ailes de s'abaisser. Ils sont si importants qu'ils représentent de 15 à 25% du poids de l'oiseau. C'est le muscle ventral ou supracoracoideus qui soulève l'aile. Son poids représente 10% du poids total de l'oiseau.

Le bec

L'absence d'os maxillaire est en rapport avec la légèreté de la structure osseuse. Sans avoir de dents à soutenir, les oiseaux ont développé un bec qui est beaucoup plus léger que l'agencement du maxillaire et des dents chez d'autres animaux. Bien que ce soit un trait caractéristique des oiseaux, d'autres animaux, par exemple le calmar, possèdent une bouche structurée de la même façon.

Le bec a une gaine dure en kératine appelée rhamphotèque. À l'intérieur se trouve un os poreux qui en est séparé par un tissu vascularisé et innervé. Deux trous appelés narines mettent en communication le système respiratoire avec l'extérieur.

Ainsi se termine notre rapide étude de l'anatomie d'un oiseau qui, j'espère, vous aura intéressé. Savoir ce qui se trouve sous le beau plumage ne peut que mettre en valeur l'objet de votre observation.

LA MIGRATION

La migration est une fête pour les ornithologues. Rien n'a contribué davantage à attirer de nouveaux amateurs que les migrations aux changements de saisons. Qu'on soit ou non ornithologue, il est difficile de rester indifférent à l'un des grands spectacles de la nature, surtout lorsque des espèces dont on n'entend pas parler pendant une grande partie de l'année apparaissent soudain dans nos jardins.

Des migrations à petite échelle résultent souvent de changements d'approvisionnement en nourriture, d'habitat ou de conditions météorologiques. Le terme migration concerne en général les grands déplacements saisonniers, le plus souvent vers le sud en automne – vers des régions plus chaudes – et vers le nord au printemps – vers des régions tempérées ou arctiques. Au sud, on parle d'aire d'hivernage et, au nord, d'aire de nidification.

On se pose des questions lorsque tous les membres d'une même espèce ne migrent pas. La « migration partielle », comme on l'appelle, est assez fréquente. Prenons le cas des crécerelles des deux côtés de l'Atlantique : certaines migrent, certaines migrent seulement sur une courte distance et d'autres ne migrent pas. Ce n'est pas tout : certaines espèces ont une migration spécifique à un sexe, ce qui est le cas du pinson de Scandinavie ; seules les femelles migrent, alors que les mâles restent dans leurs territoires.

LE POUR ET LE CONTRE DE LA MIGRATION
Du point de vue des oiseaux qui l'entreprennent, la migration saisonnière est une affaire risquée, car chaque oiseau dépense beaucoup d'énergie. Il subit un grand stress. En effet il s'aventure dans des endroits nouveaux, souvent inhospitaliers, peuplés de prédateurs qui guettent ces proies pour festoyer.

La migration est aussi la voie qui mène aux réserves de nourriture les plus abondantes. Dans le nord, les jours plus longs du printemps et de l'été fournissent aux oiseaux de nombreuses occasions de nourrir leur couvée affamée et de constituer leurs réserves. Les espèces migratrices sont plus aptes à élever des couvées importantes qu'elles ne le seraient dans les régions tropicales, où la nourriture est peu variée au cours de l'année. Aussi quand au nord le garde-manger commence à se vider à la fin de l'été, les migrateurs se dirigent vers le sud où la vie est plus facile.

Les oiseaux migrateurs empruntent généralement le même itinéraire depuis

Les détenteurs de records

La sterne de l'Arctique détient le record de distance pour la migration. Elle réussit à parcourir dans un sens 22 500 km.
Le puffin fuligineux parcourt environ 14 500 km entre son aire de reproduction dans les îles Falkland et la Norvège, tandis que le puffin des Anglais parcourt à peu près la même distance dans le sens opposé.

Les vols d'oiseaux migrateurs sont l'un des signaux les plus clairs du changement de saison dans les régions tempérées.

des siècles, par exemple le long des côtes, des principaux fleuves ou des chaînes de montagnes. Ces itinéraires sont connus sous le nom « d'axes migratoires ». Ils aident les migrateurs grâce aux courants ascendants, aux vents favorables ou aux abondantes réserves saisonnières de nourriture. Étant donné que les avantages d'un itinéraire donné changent selon les saisons, les oiseaux utilisent souvent des itinéraires différents quand ils se dirigent vers le nord ou vers le sud.

Qui se ressemble s'assemble

Les vols groupés sont habituels au cours des migrations. Ainsi, même ceux qui ne s'intéressent pas à l'ornithologie connaissent la formation en V des oies. Le vol groupé est un facteur d'aérodynamisme, car la dépense d'énergie pour chaque individu est moindre que dans le cas de vol isolé. Les oiseaux peuvent ainsi voler plus vite. Cependant, il y a toujours des exceptions ; tous les oiseaux ne migrent pas en vols groupés et certains préfèrent voler séparément.

L'altitude à laquelle les oiseaux volent varie aussi de façon considérable. Des oies à tête barrée volent au-dessus des plus hauts pics de l'Himalaya, (à près de 9 000 mètres) ; alors qu'à l'autre extrémité des oiseaux de mer migrateurs rasent les vagues. Cependant, la plupart du temps la migration se fait entre 150 et 600 mètres au-dessus du niveau de la mer.

Les facteurs qui favorisent la migration

La migration est déclenchée par des facteurs environnementaux – notamment le changement de la longueur du jour. Cependant, toutes les migrations n'ont pas lieu en plein jour. Ainsi une étude spectrographique aux États-Unis a répertorié 35 espèces de migrateurs nocturnes.

La réaction d'une espèce à ces déclencheurs dépend en partie de son patrimoine génétique, mais ce n'est qu'un aspect. On cite un vol de grues blanches auxquelles on a appris à suivre un itinéraire de migration derrière un ULM.

Même ainsi, notre connaissance des processus qui se déroulent dans le cerveau des oiseaux et de leur rapport avec les champs magnétiques de la Terre est très insuffisante. Contentons-nous de nous émerveiller.

À LA RECHERCHE DES CARACTÉRISTIQUES

Les guides de terrain, les guides de randonnées ornithologiques, les spécialistes des oiseaux notamment vous conseillent de repérer les caractéristiques pour identifier vos oiseaux.

Pour commencer il faut connaître la morphologie de l'oiseau : le bec, la tête, le dos, les ailes, la queue et les pattes.

La tête

Les caractéristiques importantes sur la tête sont la ligne des sourcils qui passe au-dessus de l'œil ; le bandeau de l'œil qui traverse l'œil ; le cercle orbital qui entoure l'œil ; la raie sommitale au sommet de la tête ; le lore entre le bec et l'œil ; la marque de la moustache, où se trouveraient les moustaches de l'oiseau si l'oiseau était un chat ; le bec ; le dessus du bec ; le dessous du bec ; et la tache sur la gorge.

Les ailes

Les caractéristiques sont relativement plus simples sur les ailes, bien que tout aussi importantes. Même lorsque l'oiseau a son plumage internuptial, les caractéristiques de l'aile aideront à l'identifier. Les caractéristiques principales comprennent les raies et les taches sur les ailes.

Ne rien oublier

De nombreux professionnels recommandent de commencer l'identification des caractéristiques par la tête, de descendre le long du dos jusqu'aux ailes, au croupion et à la queue. Puis de revenir à la tête, en considérant le bec et la gorge avant de passer à la poitrine, au ventre, aux pattes et au dessous de la queue.

L'utilisation des caractéristiques pour identifier les oiseaux peut paraître très compliquée aux néophytes, mais elle devient vite une seconde nature.

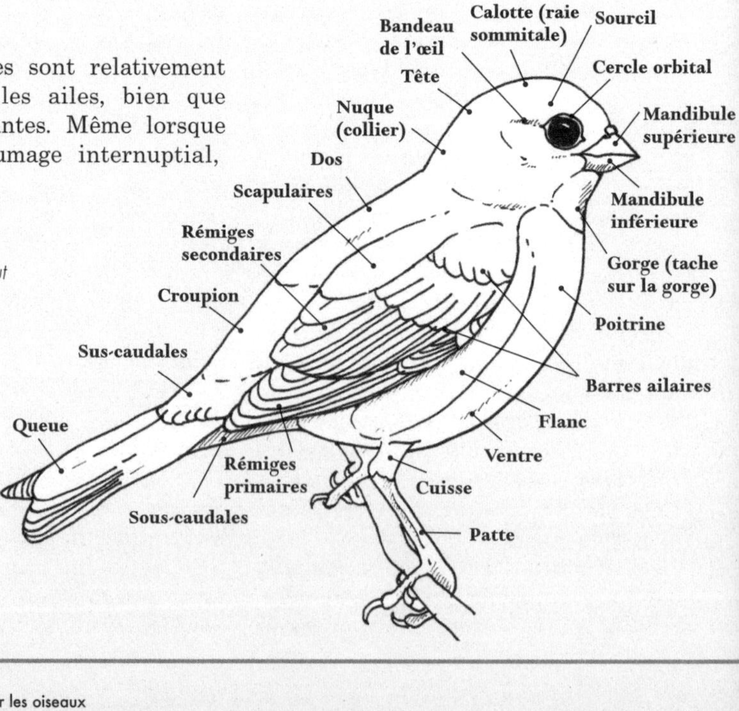

Peterson et ses successeurs

Bien que la notion de caractéristiques fût connue depuis des années, en 1934 Roger Tory Peterson la perfectionna. Dans son *Guide des oiseaux*, il introduisit le « Système Peterson » qui simplifia l'iconographie en mettant l'accent sur les caractéristiques et en utilisant des flèches pour localiser avec précision les caractéristiques essentielles. Il groupa les oiseaux d'apparence identique afin de faciliter l'identification. Peterson simplifia également le texte : il raccourcit les longs passages descriptifs et condensa ses remarques en insistant sur les caractéristiques importantes.

Alors qu'il mettait au point son système, Peterson fit des emprunts à l'ouvrage d'Ernest Thompson Seton, *Deux petits sauvages*. Un de ses personnages essayait de repérer les caractéristiques de canards aperçus au loin pour mieux les identifier. Seton inclut des croquis dans son livre, peu différents de ceux que fit plus tard Peterson.

Pour beaucoup, David Allen Sibley a mené le Système Peterson à son terme logique en 2000. Il a utilisé les flèches pour les caractéristiques clés, et a ajouté des notes pour faciliter l'identification. De plus il a étoffé le texte de chaque article pour compléter les explications. Il a également inclus plus d'illustrations afin de montrer les changements du plumage selon l'âge, le sexe et la région pour toute espèce donnée. Ses cartes, tout en étant très détaillées, signalent aussi les lieux que des oiseaux plutôt rares fréquentent régulièrement.

OBSERVER DES OISEAUX POUR RECUEILLIR DES FONDS

Les concours d'observation des oiseaux ont souvent pour objectif la récolte de fonds. Des manifestations de moindre envergure, moins formelles, ont souvent lieu en même temps que des manifestations importantes.

De telles manifestations sont souvent destinées à la récolte de dons en faveur des espèces que l'on observe. Cependant, il existe d'autres façons d'associer une passion pour l'ornithologie à la collecte de fonds. Ainsi nous payons pour assouvir notre passion, que ce soit sous forme de cotisation annuelle à une société d'ornithologie ou de droits d'admission dans une réserve ornithologique.

En outre de nombreux guides sont membres d'une société pour la protection des oiseaux : un pourcentage des bénéfices résultant des ventes revient à la société. Dans le même ordre d'idées, de nombreuses sociétés publient leurs propres cartes de Noël ou leurs cartes postales, et vous découvrirez souvent qu'elles les vendent en ligne ou dans leurs centres d'accueil.

En outre, des manifestations particulières – par exemple des ventes aux enchères – sont organisées en faveur des sociétés ornithologiques. Et puis il y a votre argent personnel. Vous payez pour voir un film ou pour aller au théâtre ; aussi pourquoi ne pas mettre un peu d'argent de côté chaque fois que vous faites une sortie ornithologique et faire un don à ces sociétés qui luttent pour s'assurer que les oiseaux seront encore là dans les années à venir ?

LA PÉRIODE DES AMOURS

Certains oiseaux, comme les rouges-gorges et les moqueurs mâles, sont incroyablement agressifs quand ils défendent leurs aires de nidification : ils se battent souvent avec acharnement jusqu'à ce que l'un des combattants soit blessé. Ces batailles impressionnantes en disent long sur l'instinct profondément enraciné qui consiste à transmettre les gènes.

De nombreuses espèces commencent la période où elles font la cour par une défense active de leur territoire ; meilleur est leur territoire, meilleures sont leurs chances de se reproduire. Ce n'est qu'un aspect de la réalité : il y a aussi de nombreuses espèces d'oiseaux qui se livrent rarement à des combats avant la parade prénuptiale. Ainsi le cygne tuberculé garde généralement la même partenaire aussi longtemps qu'il vit en couple. Le romantisme n'est pas de mise : en effet, à la mort de l'un des deux partenaires, le cygne survivant se trouvera un(e) remplaçant(e).

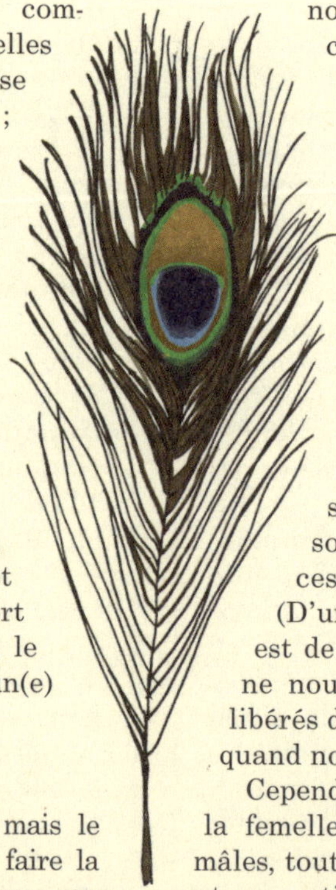

La lutte pour la vie

Cela peut paraître choquant, mais le combat pour avoir le droit de faire la cour et de s'accoupler n'est pas une mauvaise chose. C'est en général la façon de procéder qu'a la nature pour s'assurer que les représentants de l'espèce les plus capables transmettront leurs gènes et ainsi continueront la lignée avec une progéniture qui sera en parfaite santé et qui, en temps voulu, agira de la même façon.

Le même impératif génétique est à l'origine d'innombrables rituels et parades nuptiales. Dans un grand nombre d'espèces la femelle choisit son mâle en partie d'après son apparence et son comportement. En pratique cela peut signifier qu'elle choisit le mâle qui a les plumes les plus belles, les plus colorées ; qui danse de la façon la plus savante ; qui possède le meilleur territoire ; qui construit le mieux son nid ; qui offre la nourriture la plus savoureuse et qui sait la soumettre. Le plus souvent ces facteurs se combinent. (D'une certaine manière, il en est de même pour nous, car nous ne nous sommes pas entièrement libérés de nos impératifs génétiques quand nous faisons la cour.)

Cependant, il y a ces espèces où la femelle s'accouple avec plusieurs mâles, tout comme il y en a où le mâle est un artiste rapide comme l'éclair. Pour les oiseaux il s'agit de transmettre leurs gènes à la génération suivante et, en vérité, peu importe comment ils procèdent.

L'OBSERVATION DES OISEAUX DANS L'AVENIR

Bien qu'on la considère parfois comme une activité désuète, l'observation des oiseaux a bénéficié, autant que n'importe quel autre passe-temps, de la révolution technologique de l'ère informatique. De ce point de vue du moins, l'avenir de l'observation des oiseaux est brillant, mais regardons dans notre boule de cristal pour voir ce que les lendemains nous réservent.

Peut-être les jumelles, instrument indispensable de l'ornithologue, deviendront-elles des systèmes d'information numérique indépendants. Leurs capacités de grossissement seront incroyables, elles enregistreront aussi des données acoustiques et permettront d'isoler le chant d'un oiseau de son arrière-plan sonore. Elles se relieront sans fil à de minuscules ordinateurs équipés de GPS, qui transmettront de prodigieuses quantités de données sur le terrain et enverront ces informations autour du globe. Elles seront probablement beaucoup plus légères et plus compactes que les modèles d'aujourd'hui et elles pourront peut-être fonctionner à l'énergie solaire.

Cependant, du point de vue environnemental, la situation n'est pas aussi favorable. Il y aura moins d'espèces d'oiseaux dans des environnements de plus en plus isolés et dégradés. Les pressions pour satisfaire les besoins des hommes aux dépens de toute autre vie sur la planète continueront de s'accroître. Les organismes de protection seront submergés par la seule ampleur des besoins, et devront concentrer leurs efforts sur ce qui pourra encore être sauvé.

LES COÛTS ET LES AVANTAGES

Quelque avancés sur le plan technologique que nous puissions être dans l'avenir, nous serons nombreux à être submergés par la culture électronique qui déjà nous engloutit. Et il va devenir de plus en plus difficile de donner leur véritable dimension aux problèmes auxquels l'environnement est confronté. Malheureusement, il nous faut une quasi révolution pour avoir une chance de limiter l'impact dévastateur que nous avons sur toute la planète.

Dans un monde où l'environnement se dégrade de plus en plus, nous aurons sans doute beaucoup moins d'oiseaux à observer, ce qui signifie que nous serons de plus en plus nombreux à participer à chaque sortie ornithologique.

L'INSTINCT DE NIDIFICATION

Du point de vue d'un oiseau, un nid est un endroit sûr pour pondre ses œufs et élever ses petits. Différentes espèces ont évolué pour élaborer des méthodes et des styles très différents afin de faire face à ces exigences fondamentales identiques, et les individus sont programmés génétiquement pour suivre l'exemple de leurs parents. Pour la plupart des oiseaux la construction d'un nid est la tâche la plus difficile et la plus exigeante qui leur incombe.

Quelques espèces se donnent beaucoup de mal pour préparer leur nid. Les tisserins mâles se nomment ainsi car ils tissent des sortes de paniers avec de longs brins d'herbe, alors que les jardiniers mâles travaillent sans relâche pour améliorer et décorer leur nid de brindilles et de tiges. Pendant ce temps là, en Asie du sud-est, les fauvettes couturières utilisent leur long bec pointu comme une aiguille pour coudre des feuilles avec des fibres de végétaux et construire des nids en forme d'entonnoirs.

Aussi étonnants que soient ces nids, peut-être le plus singulier est-il celui des calaos. La femelle construit son nid dans le creux d'un arbre, puis le mâle l'y enferme, en laissant juste un petit trou par lequel il lui passe, à elle et à ses petits, de la nourriture.

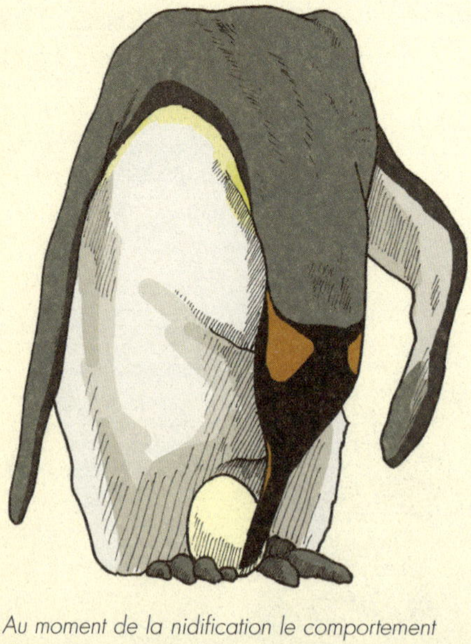

Au moment de la nidification le comportement des oiseaux varie selon les espèces : ainsi les pingouins portent leurs œufs sur leurs pattes tandis que les calaos enferment la femelle dans le nid jusqu'à l'éclosion des œufs.

QU'Y A-T-IL DANS UN NID ?

Le type de nid le plus courant a la forme d'une coupe ou d'un bol. Il peut être cimenté avec de la boue et il est souvent tapissé d'herbe ou d'autres matériaux moelleux.

Certaines espèces incorporent des matériaux spécifiques ; par exemple les oiseaux-mouches et les colibris des Bahamas construisent des nids parfaitement façonnés, des nids en forme de coupe de la taille d'un dé à coudre fixés au faîte des branches, en utilisant de la mousse et des toiles d'araignée. Quant à la grive femelle, elle aime mélanger la boue avec laquelle elle construit son nid avec de la bouse et du bois pourri.

Peut-être les plus bizarres des nids sont-ils ceux du salangane à nid blanc, qui sont presque entièrement faits de salive durcie et sont comestibles. Ces nids servent à faire l'infâme « soupe aux nids d'hirondelle ».

Bien que la cueillette s'effectue dans des conditions difficiles (des hommes montent sur des échelles dressées contre des falaises), des milliers de nids sont collectés chaque année. À en croire certains naturalistes, ces oiseaux auront peut-être disparu dans moins d'une décennie.

EN L'ABSENCE DE LEUR PROPRE NID

À côté de la variété presque infinie de nids existent de nombreuses espèces qui tout simplement n'en font pas. Peut-être l'exemple le plus célèbre est-il celui des pingouins, qui portent leurs œufs sur leurs pattes, à l'abri, bien au chaud sous les plumes de leur ventre. Autre exemple, le pluvier kildir, qui aménage un emplacement dans le gravier, y pond ses œufs et puis compte sur le camouflage naturel de ces œufs et la tactique de l'aile brisée en guise de leurre utilisée par les parents pour tenir les prédateurs à distance jusqu'à l'éclosion des œufs.

Certaines espèces, comme les merles bleus d'Amérique et les chouettes, profitent des occasions qu'elles trouvent, qu'il s'agisse d'un trou dans un pieu ou dans un arbre ou encore d'un nichoir, alors que les pics-verts aiment aussi se nicher dans les trous des arbres, tout en étant capables de faire leur propre nid et de produire la sciure et les éclats de bois pour le garnir.

Plus cyniques, du moins de notre point de vue, sont les oiseaux qui exploitent leurs congénères. Les moineaux s'emparent des nids construits par d'autres oiseaux tels que les hirondelles, se débarrassent des œufs qui s'y trouvent, s'y installent et pondent les leurs. Certains oiseaux, par exemple le coucou et le carouge, pondent leurs œufs parmi ceux d'autres oiseaux auxquels ils confient la lourde tâche de couver et d'élever leur progéniture.

Les nids géants

Le tisserin, oiseau sociable du désert du Kalahari en Afrique, est le champion du nid géant. Cependant, c'est seulement dans les colonies de nids qu'on trouve parfois des ensembles qui pèsent plus d'une tonne. Si toutefois vous vous intéressez à ce que peut réaliser un seul couple, ne cherchez pas plus loin que le pygargue à tête blanche. L'un des plus grands nids d'aigle jamais répertorié avait 2,90 m de diamètre sur 6,10 m de profondeur et pesait près de 3 tonnes. Les branches d'arbres qu'on peut considérer comme du bois convenant parfaitement pour un feu de camp sont les principaux matériaux dont se sert l'aigle afin de construire son nid. Pourquoi ? Un couple de pygargues utilise le même nid année après année, tout en le complétant régulièrement avec de nouveaux matériaux. Il est donc logique de construire quelque chose de vraiment grand.

L'ALIMENTATION

Pour comprendre l'évolution, regardez le bec des oiseaux. Après tout, c'est ce que fit Darwin avec les fringillidés des Galapagos. Le monde des oiseaux recèle une multitude d'outils spécialisés, chacun conçu pour une tâche spécifique.

L'ADAPTATION DU BEC

La taille et la forme du bec d'un oiseau révèlent la nourriture qu'il mange :

- Les becs courts, épais, coniques, comme ceux des pinsons et des moineaux, sont conçus pour casser les graines et les décortiquer.
- Les becs minces, fins, pointus comme ceux des fauvettes et des troglodytes servent à prendre les insectes sur les petites branches, l'écorce et les feuilles, et à les extraire du fouillis de plantes qui courent sur le sol.
- Les longs becs lourds pareils à un burin – l'outil des pics – sont faits pour percer des trous dans les arbres afin d'atteindre les insectes qui vivent sous l'écorce.
- Les longs becs délicats, tubulaires comme ceux des oiseaux-mouches, sont souvent associés à des langues encore plus longues et à un penchant pour boire à petits coups le nectar des fleurs.
- Les gros becs lourds, légèrement courbés mais coniques, comme ceux des corbeaux, permettent de profiter d'une grande variété d'aliments.
- Les becs longs, plats, frangés – que possèdent de nombreux canards et autres gibiers d'eau – sont conçus pour extraire la nourriture de l'eau.
- Les becs pointus, crochus, comme ceux des faucons et des chouettes, servent à capturer, tuer et dépecer les proies vivantes.
- Les becs longs, pointus, pareils à des lances, qu'ont les hérons et les martins-pêcheurs, sont aussi adaptés pour attraper des proies vivantes en les transperçant avant de les avaler.

LE NOURRISSAGE DES OISEAUX DE VOTRE JARDIN

Une fois informé, vous pouvez faire des choix judicieux parmi différents types de graines et de mélanges disponibles.

Selon le chercheur américain Aelred Geis, les graines noires de tournesol sont les graines préférées de la très grande majorité des espèces d'oiseaux de jardin. On peut donner aux autres du millet blanc. De plus, les graines de nigelle sont les préférées de certains fringillidés. Aux États-Unis les cardinaux adorent les graines de carthame, particulièrement quand on les leur présente dans une mangeoire voisine de buissons où ils peuvent se réfugier. Quant aux geais et aux corbeaux, ils préfèrent les cacahuètes en coque.

Enfin, selon les chercheurs, le blé, le sorgho, les cacahuètes épluchées, l'avoine et le riz ne figurent pas au menu préféré de la plupart des oiseaux.

Bien que les mangeoires traditionnelles soient tout à fait satisfaisantes, on vous propose chaque année des nouveautés qui sont commercialisées par les innombrables industriels avides de l'argent que vous avez gagné à la sueur de votre front.

COMMENT SERVIR LES GRAINES

Dans tous les cas, il est essentiel d'avoir des graines fraîches, sèches, dépourvues de moisissures. Les oiseaux refusent les graines détériorées ou anciennes. La façon dont les graines sont présentées importe également. La plupart se satisferont de cylindres et de mangeoires en forme de boîtes suspendues, les plus petites espèces montrant une préférence pour les cylindres. Quant aux autres, ils prendront les graines sur le sol ou sur une plate-forme à une certaine hauteur.

LA GRAISSE

La graisse est un supplément bienvenu au menu. À une époque, c'était de la graisse de bœuf qui n'avait pas été chauffée, alors que le suif désignait la graisse de bœuf que l'on avait fait fondre, puis resolidifiée sous une forme où elle se garde mieux. La graisse est riche en calories et en protéines. Elle est le plus souvent présentée sous forme de boules ou de pains entourés d'un filet métallique. Une pratique de plus en plus commune consiste à tremper des pommes de pin dans de la graisse fondue, de les laisser sécher puis de les suspendre à l'extérieur.

Selon de nombreux guides, la graisse ne doit pas être exposée à l'air pour les oiseaux à des températures proches de 21°, parce qu'elle rancira. Cependant le processus de « double fonte » évitera ce désagrément. On fait fondre la graisse une première fois, on la laisse se solidifier et puis on la fait fondre à nouveau. Alors elle est prête, quelle que soit la température extérieure. On peut aussi utiliser la graisse non chauffée sous forme de bardes prélevées directement sur la carcasse de la vache.

Le nourrissage est une forme de relation directe entre l'ornithologue et les oiseaux. Cette activité est propice à l'expérimentation. Vous pouvez ainsi inviter toutes sortes d'oiseaux à festoyer à votre table.

LE CHOIX DES GUIDES DE TERRAIN

Si votre passion de l'ornithologie est toute nouvelle, il se peut que les guides de terrain ne soient pour vous rien d'autre que des livres. Cependant, comme vos jumelles, vos guides de terrain sont des outils sérieux. Si vous faites un mauvais choix, vous aurez toutes les chances de vous gratter la tête alors que les spectacles les plus intéressants vous passeront sous le nez.

Il y a une multitude de mauvais guides, mais les guides excellents sont en nombre limité.

POURQUOI UN GUIDE EST-IL BON ?

J'hésiterai à vous recommander « le meilleur guide ». Le fond du problème, c'est qu'un bon guide de terrain est celui qui répond à vos préférences, et vous ne découvrirez celles-ci que par l'expérience. Cependant, au cas où vous envisageriez d'acheter votre premier guide ou si vous n'avez pas des années d'expérience derrière vous, voici quelques conseils pour vous aider.

Le guide doit couvrir l'aire géographique où vous souhaitez observer les oiseaux. Ne soyez pas tenté d'utiliser un guide que vous avez déjà, qui par exemple concerne une région proche de la vôtre, car il ne vous servira pas à grand-chose. Les guides régionaux sont actuellement en vogue chez les éditeurs et vous devriez pouvoir trouver un guide bien fait, conçu pour votre région. Il vous sera plus utile qu'un livre couvrant tout le pays.

Votre guide ne doit exclure aucun oiseau de votre région. Les guides conçus pour traiter seulement d'un groupe d'oiseaux donnent généralement plus de détails, mais des lacunes graves deviennent évidentes quand vous rencontrez un oiseau qui n'y figure pas. Cela dit, les guides limités à un seul groupe d'oiseaux sont utiles et méritent d'être pris en considération quand vous progressez et que vos recherches sont plus ciblées.

Ce qui est souvent négligé, c'est l'aspect « pratique » du guide. Il doit être de format suffisamment petit pour être facile à transporter, mais assez important pour donner des détails. Qu'il ne craigne ni l'eau ni les mauvaises conditions météorologiques est un avantage, certes. Toutefois n'achetez pas un mauvais guide simplement parce qu'il durera longtemps.

Que vous achetiez un guide avec des photos ou des illustrations est une affaire de préférence personnelle, mais une iconographie bien faite est généralement plus utile quand vous procédez à des identifications. Alors que des dessins ou des illustrations peuvent attirer l'attention sur des caractéristiques importantes, les photos concernent un seul individu, qui peut ou ne peut pas représenter exactement son espèce et sera différent de l'oiseau de sexe opposé. Dernière remarque : une mauvaise illustration peut être pire qu'inutile.

L'ACHAT DU GUIDE

Les librairies sont les meilleurs endroits pour faire vos achats, parce que vous pourrez choisir et comparer. La plupart des magasins vous offrent un certain choix, bien que probablement pas toute la gamme qui est disponible sur les points de vente en ligne. Les prix seront aussi un peu plus élevés, mais si cela vous empêche vraiment de faire l'affaire, vous pouvez toujours regarder en magasin et acheter plus tard en ligne.

LE PARTAGE DES CONNAISSANCES

Avec Internet, on peut tout partager en un clin d'œil. Les coordonnées GPS précises pour repérer un oiseau incroyablement rare peuvent être diffusées tout autour du globe quelques instants après qu'il a été vu pour la première fois. D'autres personnes peuvent alors se rendre à cet endroit, à leur manière. Dans certains cas elles n'ont même pas besoin de quitter leur ordinateur, car des caméras peuvent enregistrer à distance tous les mouvements d'un oiseau. Cette technologie évolutive pose des questions épineuses : oui ou non, devez-vous partager ce que vous voyez ?

Une scène de *Jurassic Park*, film à grand succès, vient à l'esprit. Le mathématicien Ian Malcolm (joué par Jeff Goldblum) et le propriétaire du parc, John Hammond (Richard Attenborough), discutent des avantages de faire revivre les dinosaures. Hammond déclare : « Vous ne nous accordez pas le mérite qui nous est dû. Nos savants ont fait des choses que personne n'a jamais pu faire auparavant. » Ce à quoi Malcolm réplique : « Vos savants étaient tellement préoccupés de savoir s'ils pouvaient le faire ou non, qu'ils n'ont pas réfléchi pour se demander s'ils devaient le faire. »

POUVONS-NOUS OU DEVONS-NOUS ?

C'est une question que je me surprends souvent à poser au cours de nombreuses discussions sur le progrès de la technologie. Dans le passé notre désir traditionnel de partager nos informations sur les oiseaux avec d'autres ornithologues n'a jamais posé de difficultés. Mais la technologie a modifié les règles du jeu. Nous pouvons communiquer à une telle vitesse, à de si grandes distances et avec tant de personnes en même temps que la question de savoir si nous pouvons partager des informations sur ce que nous voyons a été remplacée par la question de savoir si nous devons le faire.

La nouvelle qu'un oiseau rare a été aperçu se répand rapidement, attirant parfois des multitudes d'ornithologues, au détriment de l'oiseau et de l'environnement.

PHOTOGRAPHIER LES OISEAUX

L'ère numérique a dicté un nouveau comportement à ceux qui photographient les oiseaux : prenez des photos, toujours des photos. La suppression du développement des pellicules a fait de la photographie quelque chose d'une simplicité désarmante. Si vous êtes indécis, prenez une photo, vous pourrez séparer le bon grain de l'ivraie plus tard sur l'ordinateur. Cependant, cela n'excuse pas une mauvaise technique – un peu de réflexion portera largement ses fruits.

Bien que la qualité puisse s'améliorer si vous investissez dans un équipement plus sophistiqué avec des objectifs interchangeables entre autres, les appareils numériques entièrement automatiques peuvent prendre des photos tout à fait satisfaisantes pour la majorité d'entre nous.

De nombreux appareils comportent des objectifs relativement puissants, étant donné leur taille, et sont automatisés. Aussi, même les plus technophobes auraient beaucoup de mal à trouver une raison de ne pas glisser un de ces appareils dans leur poche.

Bien sûr, si vous avez envie d'être plus créatifs, envisagez d'investir dans un appareil qui permettra de maîtriser davantage l'exposition et la mise au point.

Pour un photographe débutant, un appareil reflex avec ses objectifs interchangeables et tous ses différents réglages est l'appareil idéal. Cependant, pour la plupart d'entre nous, un appareil compact numérique qui se glisse dans la poche est plus pratique.

Les appareils photos de pointe offrent toutes sortes de possibilités supplémentaires, mais référez-vous à des manuels techniques. Concentrez-vous plutôt sur vos propres compétences, quel que soit le matériel dont vous disposez.

La composition de l'image

En général, dans toute photo où figure un seul oiseau – et ceci est valable pour tout portrait, qu'il s'agisse d'un animal ou d'une personne – les yeux doivent être le point de mire. S'ils sont un peu flous, l'image aura moins d'effet.

Pour vous assurer que les yeux soient nets, vous pouvez utiliser le système de mise au point que possèdent la plupart des appareils.

De plus, si vous avez de la difficulté à ne pas trembler ou si vous utilisez un télé-objectif, stabilisez votre appareil avec un trépied ou un pied moins encombrant. Sinon, un coussin sur le toit d'une voiture ou un muret fera l'affaire.

Si l'oiseau se déplace, que ce soit sur le sol ou en volant, alors une autre règle consiste à laisser de l'espace autour du sujet. Non seulement cela vous empêchera de couper le bec et de gâcher la photo, mais cela contribuera aussi à donner un air plus naturel à l'oiseau qui ne donnera pas l'impression d'être à l'étroit dans le cadre.

Pensez à la façon dont vous utilisez la couleur dans vos photos. Vous n'avez pas toujours besoin de prendre des photos en couleur et vous pouvez même opérer des changements sur votre ordinateur. Pourquoi ne pas faire quelques photos en noir et blanc, ou peut-être dans les sépias ou les bleus de jadis.

Il y a aussi la « règle des tiers » qui a fait ses preuves. En regardant par le viseur, imaginez deux lignes horizontales à égale distance l'une de l'autre, et deux lignes verticales aussi à égale distance l'une de l'autre qui traversent l'image rectangulaire. Faites figurer les éléments importants le long de ces lignes ou à leur intersection. Comme toujours, il existe des règles pour qu'on les enfreigne, mais cette simple astuce améliore de nombreuses prises de vue.

La couleur et la lumière

Aussi souvent que possible, essayez de photographier en début ou en fin de journée. Cela donne une lumière plus chaude, qu'on ne trouve pas en milieu de journée. Cela permet également de préserver certains détails dans les zones d'ombre, tout comme cela se passe quand le ciel est nuageux. Si vous devez prendre des photos en plein jour, envisagez d'utiliser le flash – vous n'en aurez peut-être pas besoin pour éclairer l'ensemble du sujet, mais cela peut atténuer les ombres.

Enfin pensez à la couleur. Le numérique vous permet de jouer avec l'intensité de la lumière, ou même de mettre toute la photo en noir et blanc en cliquant sur la souris.

COMMENT CONTRECARRER LES CHATS

C'est une affaire de nourriture. Nous offrons aux oiseaux de la nourriture pour les attirer afin que nous puissions les observer dans le jardin. De cette façon, nous attirons involontairement les chats du quartier.

Souvent un rassemblement d'oiseaux attire les faucons et d'autres prédateurs naturels, mais ces prédateurs sont tout à fait différents des chats domestiques qui vagabondent. Nous sommes nombreux parmi les ornithologues à être du même avis : les chats domestiques ne font pas partie de nos écosystèmes. En conséquence nous n'aimons guère ce genre de prédateurs.

Ce qui met notre patience davantage à rude épreuve, c'est le penchant pour tuer que possèdent de nombreux chats, même quand ils ne sont pas affamés. Nous connaissons tous des chats domestiques qui apportent régulièrement des cadavres d'oiseaux aux pieds de leur maître. Nous sommes nombreux à avoir un chat qui se comporte ainsi. Aussi sommes-nous déchirés entre l'amour pour notre animal de compagnie bien-aimé et l'amour pour la faune qui nous est infiniment précieuse.

QU'EN EST-IL EXACTEMENT ?

Les chats tuent plus d'oiseaux que n'importe quel autre animal. Selon diverses études, un animal domestique qu'on laisse vagabonder peut tuer jusqu'à mille animaux sauvages chaque année. Par ailleurs de nombreux chats ne sont jamais capables d'attraper les oiseaux.

Le débat fait toujours rage. Au Royaume-Uni, la Société Royale pour la Protection des Oiseaux admet qu'il n'est pas prouvé scientifiquement que le grand nombre d'oiseaux tués par les chats affecte un tant soit peu leur population. En effet les oiseaux qui sont attrapés sont plutôt faibles ou malades, et ils seraient morts de toute façon. Une étude menée dans la région de San Diego aux États-Unis a prouvé le rôle que jouent les chats errants dans la disparition de plusieurs espèces d'oiseaux indigènes, notamment le troglodyte des cactus, le colin de Californie et le coucou terrestre.

Tout bien pesé, il semble que ces espèces, qui vivent dans les jardins et qui sont susceptibles de devenir des proies, ont tendance à ne pas trop souffrir. Cependant, quand des chats vivent à proximité d'oiseaux peu nombreux, la pression supplémentaire qu'ils exercent peut nuire aux espèces vulnérables.

LE CHAT D'INTÉRIEUR

Une solution consiste simplement à garder un chat à l'intérieur – bien que de nombreux propriétaires prétendent que c'est pure cruauté. Selon la campagne intitulée *Gardez les chats à l'intérieur* menée par la Société Américaine de Protection des Oiseaux, il y a bien des façons de rendre un chat heureux en le confinant à l'intérieur. Tout d'abord, des jouets et des relations suivies avec la famille stimuleront le chat, tout en assurant la sécurité des oiseaux du voisinage.

Si vous voulez vraiment donner à votre chat un espace de liberté à l'extérieur, vous pouvez construire ou acheter un enclos approprié. Il existe aussi tout un assortiment de colliers ou harnais qui vous permettent de promener votre chat sans problème. Parfois un arrêté interdit de laisser les chats vagabonder.

Même garder un chat à l'intérieur à certaines heures – surtout au printemps et en hiver – peut faire une grosse différence.

Empêchez-le de sortir de préférence après le mauvais temps ainsi qu'une heure avant le lever et une heure après le coucher du soleil.

LE CHAT D'EXTÉRIEUR

Si vous ne souhaitez pas garder votre chat à l'intérieur ou, du moins, si vous ne pouvez rester maître de ses allées et venues quand il est dehors, vous avez plusieurs solutions à votre disposition.

Tout d'abord les chats sont des chasseurs opportunistes. En conséquence supprimez la tentation en mettant la nourriture des oiseaux et leur mangeoire hors de leur portée. Placez aussi les nichoirs à une hauteur suffisante pour qu'ils ne puissent y accéder.

Réfléchissez bien à l'endroit où vous mettez la nourriture, donnez aux oiseaux une meilleure chance d'échapper aux prédateurs en plantant des arbustes où ils peuvent se réfugier – choisissez leur emplacement avec soin de sorte que les chats ne s'y dissimulent pas. Les plantes épineuses ou celles qui ont une odeur âcre sont d'excellents répulsifs. On peut les planter près des mangeoires ou des clôtures pour décourager les chats de grimper.

Enfin selon un rapport de la Société Royale de Protection des Oiseaux (GB) mettre au chat un collier à clochettes est un moyen efficace pour donner très tôt l'alarme – de cette façon plus d'un tiers des oiseaux et des petits mammifères échappent à une mort certaine.

Un chat domestique peut donner l'impression d'être un animal de compagnie doux et docile mais il possède les gènes d'un tueur – du moins en ce qui concerne les oiseaux.

LES MEILLEURS TITRES ANGLO-SAXONS

L'ornithologie sous sa forme actuelle a commencé à la fin du dix-huitième siècle et, parallèlement à cette nouvelle passion, parut une multitude d'ouvrages sur les oiseaux et ce qui s'y rattache. Depuis lors, des milliers de livres ont été publiés et, chaque année, on en écrit des centaines d'autres.

Les livres suivants que je recommande sont simplement quelques-uns de ceux que j'ai particulièrement appréciés.

Tout d'abord *The Feather Quest. A North American Birder's Year* de Peter Dunne qui semble s'imposer comme le successeur de l'Anglais Roger Tory Peterson, car il est en Amérique le spécialiste d'ornithologie. *Feather Quest* où l'auteur relate ses expéditions saisonnières d'ornithologie est une version moderne de *Wild America* publié par Peterson en 1935. Cette association de faits, de folklore et de philosophie fait que l'ouvrage se lit avec plaisir.

Un autre récit de voyages d'ornithologue est le livre de Mark Obmascik, *The Big Year : A Tale of Man, Nature, and Fowl Obsession.* L'auteur suit à la trace trois concurrents au cours de « La Grande Année d'Amérique du Nord » de 1998 – une course de 365 jours à travers l'Amérique du Nord au cours de laquelle chacun part en quête du plus grand nombre possible d'oiseaux. Le résultat est une lecture très amusante et souvent stimulante.

La migration des oiseaux est le sujet de *Living on the Wind : Across the Hemisphere With Migratory Birds.* Il est difficile de faire mieux que Scott Weidensaul, car la densité des informations est exceptionnelle.

L'*Atlas of Bird Migration : Tracing the Great Journeys of the World's Birds* est considéré comme un autre ouvrage de référence. Édité par Jonathan Elphick, ce volume impressionnant présente le travail collectif d'experts dans un style dénué de jargon. Cet ouvrage mérite de figurer dans la bibliothèque de tout ornithologue. On peut le lire de la première à la dernière page.

Traitant du comportement des oiseaux, l'ouvrage de Marie Read *Secret Lives of Common Birds : Enjoying Bird Behavior Through the Seasons* passe en revue avec talent tous les sujets depuis la construction des nids jusqu'au bain. La science est présente, mais la finesse d'approche rend ce livre accessible à un public qui n'est pas scientifique.

Enfin, *The Verb « To Bird » : Sightings of an Avid Birder* de Peter Cashwell est un voyage passionnant disponible en librairie. En partie lexicographie, en partie histoire, en partie compte rendu de voyage et en partie commentaire pour le grand public, ce livre offre un point de vue amusant sur l'ornithologie. Il s'agit de votre prochaine lecture – une fois que vous aurez terminé cet ouvrage, cela va sans dire[1].

1. Pour les livres en français consultez la bibliographie en fin d'ouvrage.

LA COMPÉTITION EN ORNITHOLOGIE

Dans les pays anglo-saxons les sorties ou excursions ornithologiques peuvent se transformer en véritable sport où chacun se lance à la recherche de l'oiseau rare qu'on vient de signaler à seule fin de le cocher sur sa liste. C'est un domaine particulier de l'ornithologie, qui a attiré de nombreux adeptes.

Quand ceux qui furent les premiers à apercevoir une fauvette aux ailes dorées dans le Kent en Angleterre décidèrent de ne pas « tenir secret » le site où se trouvait l'oiseau, plus de 5 000 ornithologues amateurs convergèrent sur les lieux. Certains d'entre eux « n'eurent pas de pot » puisqu'ils ne réussirent pas à voir l'oiseau et se sentirent plutôt frustrés vis-à-vis de ceux qui cochèrent l'oiseau sur leur liste.

L'ÉTAPE SUIVANTE

Il n'y a qu'un pas à franchir pour passer du monde déjà très concurrentiel de l'ornithologie en amateur au domaine de la compétition organisée. Considérez « La Grande Année d'Amérique du Nord » : chaque concurrent doit établir une liste du plus grand nombre possible d'espèces différentes d'oiseaux qu'il a repérés au cours de 365 jours. À cette fin il investit un nombre d'heures incroyable et des sommes d'argent inimaginables.

Puis il y a chaque année la « Journée de l'Observation des Oiseaux », qui se déroule pendant 24 heures dans l'État du New Jersey. Les équipes doivent remettre leurs résultats pour minuit au phare de Cape May. Les organisateurs collectent des millions de dollars sous forme d'engagements en faveur de différentes sociétés de protection de la nature. Certaines équipes passent des semaines à faire des reconnaissances dans le New Jersey avant la manifestation pour découvrir tous les oiseaux possibles et établir un plan pour le jour J.

Ceux qui parmi nous ont l'esprit de compétition le plus développé peuvent participer à des concours de repérage de tous les niveaux ; le plus éprouvant est « La Grande Année » de 365 jours en Amérique du Nord.

Ce ne sont pas seulement les concours d'observation d'oiseaux qui incitent le cœur à battre la chamade ; il existe aussi de nombreux concours de photographie pour les amateurs et les professionnels du monde entier. Ils peuvent ainsi améliorer considérablement leur technique et éventuellement remporter un prix avec en prime la publication de la photo qu'ils ont prise.

Comme pour tant d'autres activités de plein air, notre instinct de compétition se manifeste jusque dans le monde de l'ornithologie. Pour beaucoup d'entre vous ce n'est pas véritablement une bonne chose. Mais votre opinion ne va rien changer et, vous pouvez en être certain, chaque fois que nous participons à une activité où nous marquons des points, nous ne manquons pas de faire de cette activité un sport.

VEILLEZ À CE QUE VOS FENÊTRES NE SOIENT PAS FATALES AUX OISEAUX

Personne n'en connaît le nombre exact, mais ce qui est sûr, c'est que chaque année par le monde des centaines de milliers d'oiseaux – peut-être même des millions – se tuent en se heurtant à des fenêtres. Sans doute y en a-t-il autant qui sont blessés ou assommés et qui deviennent alors une proie facile pour toutes sortes d'animaux sauvages ou domestiques.

Il est incontestable que les oiseaux ne se rendent pas compte de ce qu'est une vitre et, dans les meilleurs des cas, ont du mal à la voir. Ce n'est que trop évident quand on constate la fréquence avec laquelle ils se heurtent à nos fenêtres souvent lorsqu'ils tentent d'échapper à un prédateur.

LES AUTO-COLLANTS

Une solution généralement efficace consiste à mettre des auto-collants pour éviter que les oiseaux se heurtent aux fenêtres. Il s'agit la plupart du temps de silhouettes en noir et blanc d'oiseaux en plein vol. On les colle à l'intérieur ou à l'extérieur de la fenêtre. À l'extérieur ils sont plus visibles quel que soit l'angle du soleil, mais à l'intérieur ils durent plus longtemps.

Des silhouettes d'oiseaux que l'on colle sur les vitres sont le meilleur moyen d'empêcher les oiseaux de se heurter contre elles et de se blesser.

Un nouvel auto-collant, appelé *Alerte à la fenêtre*, est le dernier cri. Il est conçu pour réfléchir les rayons ultra-violets. Alors que l'œil humain ne décèle rien, les oiseaux ne manquent pas de l'apercevoir.

Tout d'abord vous remarquez l'adhésif chaque fois que vous regardez par la fenêtre. Mais, au bout de quelques jours, c'est à peine si vous notez sa présence.

AUTRES SOLUTIONS

Pour ceux qui ne tiennent pas à mettre des auto-collants qui représentent des silhouettes d'oiseaux sur leurs fenêtres, vous pouvez résoudre ce problème en tirant les rideaux ou en baissant les stores à des heures appropriées.

Vous pouvez également changer l'emplacement des mangeoires, des baignoires pour oiseaux, des nichoirs, etc. Avec un peu d'attention vous pouvez repérer les endroits d'où s'envolent les oiseaux vers leur destin fatal. Parfois il suffit de peu de chose pour faire dévier le vol. Les buissons et les arbres peuvent aussi être les coupables.

Dernière solution : placez des objets qui font fuir les oiseaux, par exemple des leurres en forme de chouettes, d'énormes yeux, des « affolants », des spirales qui tournent, etc. devant ou près de la fenêtre qui est à l'origine des collisions. Les oiseaux ont vite fait d'éviter toute zone où ils perçoivent une menace, même s'ils n'en comprennent pas vraiment la nature.

NOURRIR LES OISEAUX SAUVAGES DANS LA MAIN

À mon avis, nourrir un oiseau sauvage dans la main est contraire au concept même d'ornithologie. Pour moi, cela évoque des situations dangereuses et parfois fatales, où les animaux sauvages deviennent trop familiers avec les hommes et nous associent à la nourriture. Bien sûr, ces craintes concernent surtout les animaux plus gros, plus dangereux comme les ours. Il n'en est pas moins vrai que certains de nos semblables veulent nourrir les oiseaux dans la main. Dans certains cas, c'est même un véritable art dont nous allons parler.

Si, lorsque vous étiez enfant, vous gagniez souvent au jeu des statues, qui consiste à rester parfaitement immobile, vous pourriez avoir le tempérament qui convient pour nourrir les oiseaux dans la main. Pour l'ornithologue la capacité de rester immobile est sans aucun doute infiniment précieuse.

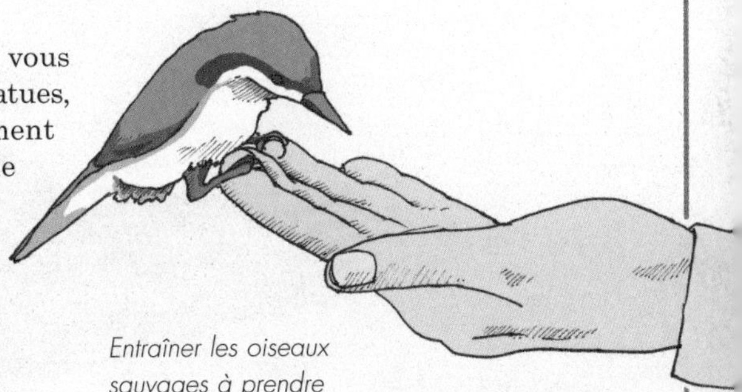

Entraîner les oiseaux sauvages à prendre des graines dans la main est un exercice de patience et de persévérance qui sera payant seulement avec des espèces particulières.

ADOPTEZ DES HABITUDES RÉGULIÈRES

Tout d'abord, adoptez des habitudes régulières. Remplissez les mangeoires à heure fixe chaque matin ou chaque après-midi. Faites entendre un son harmonieux, très particulier, chaque fois que vous remplissez les mangeoires, pas un son qui fera fuir les oiseaux, mais un son qui attirera leur attention sur l'horaire de leur repas. Mettez quelques petites friandises – des graines de tournesol décortiquées, des boules de graisse ou du suif avec des morceaux de noix – là où vous envisagez de les nourrir dans la main. Ne modifiez pas vos habitudes quotidiennes pendant plusieurs semaines.

Quand il est évident que les oiseaux connaissent votre horaire, continuez comme auparavant, mais restez assis sans bouger à environ une douzaine de pas de l'endroit où vous avez placé les friandises. Portez chaque jour des vêtements de même couleur, ayez le même comportement pendant plusieurs jours de suite jusqu'à ce que les oiseaux s'approchent de vous lorsque vous êtes assis.

Quand les oiseaux ont appris à accepter votre présence, rapprochez votre chaise un peu plus chaque jour. Gardez vos habitudes et restez assis avec votre main en forme de coupe remplie des friandises. Restez dans cette position sans bouger.

Alors, quelques oiseaux devraient être prêts à prendre les friandises dans votre main. Vous remarquerez probablement que seuls certains oiseaux sont prêts à courir ce risque. Continuez ainsi pendant plusieurs semaines, puis un jour il se peut que vous puissiez vous éloigner petit à petit de la zone de nourrissage et que ces oiseaux continuent de venir vers vous pour avoir leurs friandises.

PARVENIR À UN ACCORD AVEC LES PRÉDATEURS À PLUMES

Comme nous l'avons déjà mentionné pour les chats, la présence de nombreux oiseaux à leur mangeoire attire l'attention de prédateurs, tout comme cela se passe dans la nature quand certaines espèces animales se rassemblent. Certains de ces prédateurs auront des plumes, tout comme leur proie. Les faucons mangent les oiseaux, parfois ils se spécialisent même dans ce genre de proie. Aussi, partout où se rassemblent de petits oiseaux, des faucons finissent-ils par apparaître et par fondre sur leurs victimes.

Souvent les personnes qui nourrissent les oiseaux dans leur jardin mettent la table pour des petites espèces vulnérables, puis en veulent aux prédateurs, tels que les faucons, quand eux aussi s'invitent au buffet.

Les oiseaux chanteurs, qui sont des oiseaux vulnérables, savent qu'ils sont menacés par les faucons. Ils sont toujours aux aguets. En étant groupés, les oiseaux bénéficient de différents avantages. Ainsi de nombreuses paires d'yeux surveillent constamment le ciel et la terre par crainte d'éventuels prédateurs. En fait ils ont toutes les chances de détecter une menace avant vous. Aussi prenez garde à leur signal ; quand tous les oiseaux rassemblés à la mangeoire s'immobilisent soudain ou s'élancent vers les arbustes, cherchez le faucon dans les airs.

Ce qui aggrave le problème – du moins quand il s'agit du faucon – c'est qu'en réalité la plupart de ses attaques ne seront pas un succès. C'est une des raisons pour lesquelles les faucons passent tant de temps à planer dans le ciel, à considérer les occasions qui s'offrent au-dessous d'eux jusqu'à ce qu'ils finissent par faire le bon choix.

En fait, voici ce qui se passe : un faucon capture très peu d'oiseaux dans une aire de nourrissage. Cependant nous, les hommes, qui sommes des êtres sentimentaux, nous éprouvons souvent le besoin d'agir quand une situation heurte notre sensibilité. Peu importe si nous ne pouvons pas faire grand-chose car, en fin de compte, nous devons nous résoudre à accepter les caprices de la nature.

QUE POUVEZ-VOUS FAIRE ?

Si vous n'avez vraiment pas le sentiment que vous pouvez laisser la nature suivre son cours, alors sachez qu'agir, même avec simplement l'intention de « faire fuir » le faucon, n'est pas acceptable. La loi protège les faucons des agressions et des perturbations causées par l'homme. Même si vous agissez dans l'intention de protéger d'autres oiseaux, vous courez le risque de nuire à l'oiseau « incriminé ». Le voudriez-vous vraiment, même si c'était légal ? Vous êtes ornithologue, ne l'oubliez pas.

Vous avez donc exclu les représailles. L'option la plus efficace qui vous reste, c'est de supprimer ce qui attire le faucon. Cessez de donner de la nourriture pendant une semaine ou deux, alors les oiseaux se disperseront et le faucon n'aura plus de tentation. Bientôt le prédateur exclura votre jardin de son territoire de chasse et, à ce moment là, vous pourrez recommencer votre nourrissage. Sachez cependant que cela a toutes les chances de n'être que temporaire, et un faucon – peut-être le même, peut-être pas – apparaîtra probablement à nouveau. Il vous faudra donc recommencer tout le processus.

Une autre solution plus durable, qui sans doute tardera à produire des effets, consiste à planter des arbustes et des arbres à feuillage persistant assez près pour fournir un abri dans lequel les oiseaux peuvent se réfugier. Si vous choisissez cette méthode, il importe de planter les arbustes à la bonne distance. S'ils sont trop loin, ils ne seront pas d'un grand secours aux oiseaux qui s'enfuient. S'ils sont trop près, ils peuvent fournir un véritable abri à des prédateurs terrestres tels que les chats.

UNE SOLUTION CONFORME À LA NATURE

La dernière solution est la plus simple, elle tient compte de l'environnement et, finalement, elle est peut-être la plus agréable. Pourquoi ne pas accepter le faucon comme faisant naturellement partie de l'écosystème ? Simplement un oiseau de plus attiré par votre aire de nourrissage, un oiseau assez rare et intéressant de ce fait. Donnez aux oiseaux chanteurs une chance de se défendre en leur fournissant un abri, puis installez-vous confortablement et appréciez le spectacle.

QUESTIONS D'ORNITHOLOGIE

Contribuer à la sauvegarde des oiseaux

Malgré elle, la communauté des ornithologues s'est trouvée entraînée dans une nouvelle direction en ce qui concerne la protection des oiseaux. Ainsi la « science du citoyen » a ouvert un vaste champ de possibilités aux volontaires qui ne sont pas des scientifiques pour qu'ils apportent leur contribution dans le domaine des connaissances. Grâce à des organismes tels que la Société Audubon et le Laboratoire d'Ornithologie de Cornell, ceux qui sont passionnés par les oiseaux peuvent chaque jour contribuer réellement à la recherche scientifique.

Nos observations ont de la valeur, surtout quand elles sont centrées sur des zones précises d'investigation, des projets spécifiques de recherche. Nous pouvons fournir aux chercheurs des données pour leur travail afin de rendre leur recherche plus complète, de sorte qu'elle fasse davantage autorité.

Ce n'est pas une excuse pour ne pas contribuer financièrement, mais c'est une occasion de s'engager davantage, et cela peut être le point de départ d'un véritable changement.

De nos jours toute personne qui le souhaite peut enrichir les bases de données avec ses propres observations.

ORGANISER LA SORTIE DU CLUB

Si elle doit mal se passer, elle se passera mal. N'oubliez pas que pendant la sortie vous représentez le club d'ornithologie. Le meilleur conseil est de suivre la maxime des scouts : « Sois toujours prêt ».

Pour la plupart des sorties courtes, il faut emporter un canif, un magnétophone, une ficelle assez longue, une trousse de premier secours, une boussole, de bonnes cartes, un portable ou une radio et une réserve d'eau. Mieux vaut tout prévoir méthodiquement. La sortie n'en sera que plus agréable pour tous ceux qui y participeront.

Dans le monde de l'ornithologie et, en particulier dans les groupes, on a de merveilleuses occasions de se lier d'amitié.

Le groupe

Tout d'abord l'importance du groupe : quand le nombre de participants dans un groupe dépasse cinq ou six, il s'agit d'une randonnée plutôt que d'une sortie ornithologique. Un plus petit groupe favorise davantage l'ouverture et le partage d'informations entre ornithologues expérimentés et débutants. On se déplace dans un plus grand silence, avec plus de discrétion, ce qui signifie presque toujours un plus grand nombre d'oiseaux à voir de près.

Les guides qui sont des spécialistes en ornithologie et qui connaissent fort bien l'environnement, enrichissent presque toujours votre expérience. Et en tant que guide responsable, il vous appartient de reconnaître si vous êtes à la hauteur.

Autres considérations

Plus votre préparation de la sortie sera méticuleuse, moins vous aurez de surprises déplaisantes. Faites une prière au bon Saint François d'Assise et vérifiez votre liste de matériel au moins deux fois. La connaissance du terrain, des points d'eau et des conditions météorologiques que vous pouvez rencontrer est aussi importante que la connaissance des oiseaux que vous êtes susceptible de voir.

Et maintenant que vous avez tout préparé, jusqu'aux infimes détails, sachez qu'il faut faire preuve de souplesse. Les aptitudes, la forme physique, la capacité de réaction varieront beaucoup d'un participant à l'autre – vous devez en avoir pleinement conscience surtout quand il s'agit de nouveaux venus. Une attitude souple rendra l'expérience plus agréable pour tous et plus particulièrement pour vous.

L’ORNITHOLOGIE AVEC DES ENFANTS

Faire participer des jeunes enfants à l’observation des oiseaux est une excellente façon de les aider à s’intéresser à la nature. Les emmener avec des adultes faire une sortie d’ornithologie en groupe n’est pas une idée vraiment géniale, car ce qui leur plaît est tout à fait différent de ce qu’apprécient les adultes.

Un groupe d’enfants d’âges différents aura toutes les chances de présenter aux accompagnateurs plus de défis qu’un groupe équivalent d’adultes. Il est donc essentiel qu’il y ait assez d’adultes compétents pour répondre aux besoins de chaque enfant. Si la sortie a lieu lors d’un anniversaire ou à l’occasion d’un événement semblable, invitez les parents pour qu’ils apportent leur concours.

Réfléchissez avant de choisir la destination de la sortie. Le mieux est de s’adresser à des centres d’ornithologie. Non seulement les responsables proposent d’observer les oiseaux dans une zone relativement restreinte, mais ils ont souvent des programmes d’activités attrayantes pour les enfants quand ceux-ci commencent à se fatiguer.

QUESTIONS D’ORNITHOLOGIE

Appareils photo, clichés à profusion...

Je me rappelle l’époque – elle ne semble pas être si lointaine – où pour prendre une bonne photo d’oiseau il fallait avoir un sac à dos plein de matériel. Puis, lorsque la chance n’était pas avec vous, vous deviez tout rapporter chez vous sans avoir une seule photo pour vos peines. Aujourd’hui toutes sortes d’appareils numériques bénéficient des progrès technologiques qui leur permettent de prendre des images satisfaisantes. Il est certain que les professionnels transportent encore beaucoup de matériel pour faire les couvertures des magazines – et rien ne vous empêche d’en faire autant si vous êtes ambitieux – mais en ce qui concerne la plupart d’entre nous, nous sommes parfaitement bien équipés grâce aux appareils compacts numériques.

Étant donné que les photos ne coûtent rien, peu importe si seulement une photo sur cent est bonne ; il suffit d’effacer les autres.

Si vous voulez vraiment améliorer votre technique, alors vous trouverez quelques conseils de base p. 32. Mais je vous en prie, quelles que soient vos capacités, prenez simplement des photos. Et pas seulement d’oiseaux. Pourquoi ne pas prendre des photos de vos amis ornithologues, du paysage ou d’un beau coucher de soleil ? Après tout, c’est gratuit.

TRANSMETTRE LA TRADITION

« Papa, viens vite. Qu'est-ce que c'est que cet oiseau ? » Mon enfant est tout simplement fasciné par les oiseaux ! Il est aussi fasciné par la vie au grand air.

Passer du temps avec l'enfant permet de l'intéresser à une activité de loisir quelle qu'elle soit. En ce qui concerne l'observation des oiseaux, il n'y a vraiment pas de meilleur point de départ que votre jardin ou le parc le plus proche.

Les excursions à la campagne peuvent être de grandes aventures, mais il faut consacrer un temps fastidieux aux voyages à proprement parler et il vaut mieux les réserver pour le moment où les enfants auront pleinement apprécié leurs premières expériences dans leur jardin.

Il faudra prévoir l'observation des oiseaux à une heure de la journée où le plus grand nombre d'oiseaux de toutes sortes d'espèces seront présents. Dans la plupart de nos jardins, c'est de bonne heure le matin ou tard l'après-midi jusqu'en début de soirée.

Les enfants sont en général excités quand il s'agit de poursuivre des oiseaux pour les observer et ils aiment particulièrement les petites victoires que représentent le repérage et l'identification.

ÉQUIPEZ VOTRE ENFANT

Commencez par donner à l'enfant ses propres jumelles et l'affaire est dans le sac. Elles n'ont pas besoin de coûter les yeux de la tête ; une paire de jumelles de base pourvue de bonnes lentilles convient très bien aux débutants. Il existe des modèles conçus et décorés spécialement pour les enfants, mais peut-être est-ce le moment de donner à l'enfant un avant-goût de ce que sera l'âge adulte, en lui donnant accès à quelque chose de spécial, qui n'a rien à voir avec le monde des enfants. Vérifiez simplement que les jumelles sont faciles à mettre au point et offrent un champ suffisamment large pour rendre la visée plus aisée.

En ce qui concerne les guides de terrain, on peut maintenant se procurer des versions pour débutants ou pour enfants, et les prix sont en général raisonnables.

Assurez-vous que l'enfant porte les vêtements appropriés. Une casquette confortable et des lunettes de soleil peuvent aussi être nécessaires. Et quand il s'agit de confort, n'oubliez pas la bombe d'insecticide !

SUR LE TERRAIN

Expliquez à l'enfant que vous verrez un plus grand nombre d'oiseaux si vous vous déplacez tous les deux lentement, sans faire de bruit et si, à intervalles réguliers, vous restez quelque temps assis sans bouger. Des petits pliants légers seront alors les bienvenus.

Quand vous repérez un oiseau, attendez que l'enfant vous signale sa présence. Faites-lui prendre conscience qu'il a atteint son objectif en le laissant décrire les principales caractéristiques qui permettent d'identifier l'oiseau telles que ses couleurs, sa taille et son bec, ainsi qu'éventuellement son chant ou son comportement particulier. Vous pourriez même emporter un carnet pour que l'enfant prenne des notes et fasse des croquis s'il le souhaite.

La sortie ne doit pas être trop longue. Notez le temps pendant lequel l'enfant est capable de maintenir son attention.

De retour à la maison

Bien qu'il n'y ait rien de mal à se féliciter de ses découvertes sur le terrain – discrètement (cela va sans dire) – le meilleur moment, c'est quand vous êtes de retour chez vous. Cela vous donne l'occasion de sortir un guide plus élaboré et de compléter vos informations sur les oiseaux que vous venez de voir. Vous avez également la possibilité de vous enquérir sur Internet de sites où vous pouvez envoyer une note concernant ce que vous avez vu ou une photo.

Si vous faites les choses comme il convient – et si vous veillez à ne pas épuiser la patience de votre enfant – vous éveillerez en lui un intérêt qui durera toute une vie. Au cours des mois et des années à venir vous allongerez la durée des sorties, en campant et en vivant d'authentiques aventures que vous apprécierez ensemble.

QUESTIONS D'ORNITHOLOGIE

Faire preuve de bon sens et de courtoisie

L'homme, allongé derrière le rondin à côté du sentier, observait le petit groupe de dindons sauvages, depuis un quart d'heure environ. Il n'y avait que lui et les magnifiques oiseaux qui ne se doutaient pas de sa présence. Les dindons fouillaient sans hâte dans les feuilles, à la recherche de glands qu'ils avalaient.

Soudain tous les dindons levèrent la tête en direction du chemin, non pas vers l'homme caché qui les observait mais vers un couple qui s'avançait vers eux. Les deux promeneurs désignèrent de la main les oiseaux, qui se retournèrent pour s'enfuir, et signalèrent à l'homme qu'il devait regarder les oiseaux, ce que de toute évidence il faisait déjà. Il leva une main pour leur faire signe de s'arrêter. En vain. Les promeneurs s'avancèrent jusqu'à lui, en regardant les dindons disparaître par dessus la corniche voisine et poussèrent des cris de joie, s'attendant à ce que l'homme en fasse autant.

Quand on se promène dans la nature, il est inévitable qu'on rencontre des gens et qu'on trouble leurs activités. Mais vous devez avoir conscience de ce qui se passe autour de vous. Partager avec les autres les espaces qui se réduisent de plus en plus est le bon sens même.

LES CINQ SENS DES OISEAUX

Ne touchez jamais à un bébé oiseau car alors les parents le rejetteront. Affirmer cela, c'est ridicule ! Il y a de nombreuses raisons de ne pas toucher à un bébé oiseau, mais celle-ci n'en est pas une – la plupart des oiseaux ont un sens de l'odorat relativement faible. Le grand public ne sait pas grand-chose des autres sens des oiseaux. Aussi examinons la question de plus près.

La plupart des espèces ont un odorat médiocre mais il y a des exceptions. L'odorat joue un rôle en aidant les vautours à trouver leur cadavre du jour, mais il n'est pas essentiel car, à la suite d'expériences, on a constaté que si on dissimule un cadavre, les vautours auront des problèmes, alors qu'ils essaieront de dépecer une photo qui représente un cadavre de mouton.

De même les pétrels et les albatros se servent de l'odorat pour repérer du sang et des morceaux de viande qu'on a répandus à la surface des vagues. De leur côté les pétrels peuvent repérer leur nid grâce à l'odorat.

LA VUE ET L'OUÏE

Pour la plupart des oiseaux la vue est le sens le plus important. Considérez simplement la dimension toute relative de l'œil d'un oiseau. Les yeux d'une chouette – qui sont d'excellents mécanismes pour détecter la lumière – représentent un tiers du poids total de sa tête. Même chez des oiseaux comme l'étourneau, les yeux représentent plus d'un dixième du poids de la tête. Par contre vos yeux ne sont qu'environ un centième du poids de votre tête.

Il n'est guère surprenant que l'acuité de la vue des oiseaux soit à l'origine de légendes. Il est vrai que les faucons ont une vue deux à trois fois plus perçante que les hommes. Cependant, ce n'est pas vrai pour tous les oiseaux. En étudiant la structure des yeux des vautours, on a conclu qu'ils ne sont guère plus perçants que ceux des hommes, alors que les poulets domestiques sont carrément myopes.

Quant à l'ouïe, les oiseaux entendent les fréquences moyennes à peu près aussi bien que les mammifères, bien qu'ils ne soient pas aussi sensibles aux hautes et aux basses fréquences. Mais les oiseaux sont beaucoup plus sensibles aux changements rapides de hauteur et d'intensité des sons.

Les oiseaux n'ont pas d'oreilles externes comme en ont les mammifères.

Les chouettes ont l'ouïe la plus fine de toutes les créatures. Elles sont capables de repositionner leurs plumes et de tourner presque complètement la tête pour mieux saisir les sons.

Le bec et la langue des oiseaux-mouches sont d'une longueur disproportionnée par rapport au reste du corps de l'oiseau, ce qui leur permet de prendre le nectar au fond de fleurs en forme de cornets.

À la place la plupart ont des plumes spéciales autour de leur orifice auditif qui annulent le mouvement de l'air au niveau de leurs capteurs auditifs. Les chouettes, qui sont les animaux qui possèdent l'ouïe la plus fine, sont même capables de repositionner les plumes autour de leur orifice auditif au point de pouvoir leur donner une forme de conque semblable au pavillon de l'oreille humaine.

Ce ne sont pas seulement les chauves-souris qui utilisent l'écholocation ; par exemple, les pingouins l'utilisent pour trouver des proies, alors que les guacharos se déplacent grâce à elle.

Le goût et le sens du toucher

Les oiseaux ont en général moins de papilles gustatives que les mammifères, ce qui montre que leur sens du goût est en général moins capable de discrimination. Cependant, comme toujours, il y a des exceptions. Ainsi les oiseaux-mouches peuvent faire la distinction entre les différentes concentrations de sucre dans le nectar en provenance de fleurs différentes.

Comme pour les autres sens, nous savons peu de choses sur le sens du toucher des oiseaux mais, d'après l'emplacement des terminaisons nerveuses dans la peau, on suppose que ce sens est assez développé. Les terminaisons nerveuses sont nombreuses dans certains endroits du corps, comme à l'extrémité du bec de l'oie qu'elle utilise pour chercher de la nourriture. Certaines espèces d'oiseaux ont même des moustaches, pareilles à celles d'un chat autour de leur bec. Ces « vibrisses » ont des groupes de cellules nerveuses à leur base, et les espèces qui attrapent et mangent des insectes en vol, comme les hirondelles et les gobe-mouches, savent particulièrement bien les utiliser.

Mais, même s'ils n'ont pas de vibrisses, tous les oiseaux éprouvent des sensations par l'intermédiaire de leurs plumes. Les plumes sont maintenues en place par des follicules auxquels aboutissent des terminaisons nerveuses. Quand la plume entre en contact avec quelque chose, ne serait-ce qu'un courant d'air, une sensation est transmise au système nerveux central de l'oiseau.

Voilà donc un bref résumé sur ce que nous connaissons des cinq sens des oiseaux. Bien qu'ils aient beaucoup de traits communs, il est intéressant d'étudier les sens dont disposent les oiseaux car ils varient avec les différentes espèces.

Une grande partie de la diversité des oiseaux et du comportement des oiseaux peut être attribuée aux différents usages qu'ils font de leurs sens – leur force et leur faiblesse. C'est pourquoi ce sujet est si passionnant.

DE QUOI VOUS GLACER LE SANG LA NUIT

Nous sommes tous allés observer les oiseaux après la tombée du jour – que nous attendions l'apparition d'une espèce nocturne ou simplement que nous nous attardions quelque peu. De même nous connaissons tous la sensation d'être observés qui nous fait frissonner et le silence sinistre qui nous fait hâter le pas.

Alors ayez une pensée pour le pauvre chasseur de bécassines – victime naïve d'une farce populaire. On remet au gogo un sac et une lampe de poche, et on le mène dans une clairière dans la forêt. Là il doit guetter la bécassine insaisissable, en tenant le sac ouvert et en éclairant l'intérieur du sac – apparemment les bécassines aiment que leurs cachettes soient bien éclairées ! Les farceurs disparaissent alors dans la forêt pour rabattre les bécassines dans la direction de celui qui tient le sac. En fait ils retournent en secret au camp.

L'épreuve sera d'autant plus pénible que le chasseur solitaire de bécassines supportera plus longtemps l'obscurité, en devenant de plus en plus nerveux au cœur de la nuit. La diffusion des bruits de la forêt enregistrés auparavant – un grand nombre d'entre eux étant des cris d'oiseaux – constituera le fond sonore destiné à lui faire dresser les cheveux sur la tête.

Ce qui est drôle dans la chasse à la bécassine, c'est qu'il existe réellement un oiseau appelé bécassine – pas seulement un qui niche dans un sac.

OBSERVATION D'OISEAUX DANS LE JARDIN

Dans le monde entier les jardins de derrière sont les lieux où l'on observe bien plus souvent les oiseaux qu'en n'importe quel endroit exotique ou dans des réserves ornithologiques. C'est simplement une question de proximité – nous passons plus de temps dans notre jardin et aux fenêtres qui donnent sur cet espace. Il est donc naturel qu'il soit notre lieu de prédilection pour l'observation des oiseaux.

Dans le monde entier on a beaucoup appris en observant les oiseaux dans les jardins. Les chercheurs et les sociétés d'ornithologie en sont pleinement conscients. Les études sur le nourrissage des oiseaux et les enquêtes sur les populations sont désormais en partie fondées sur les informations que leur communiquent les citoyens au nom de la science et sur ce qu'ils découvrent depuis les fenêtres qui donnent sur leur jardin.

On peut mentionner en Amérique du Nord « Le Grand Recensement des Oiseaux des Jardins de Derrière » qui a lieu chaque année et, en Grande-Bretagne, « L'Observation à Grande Échelle des Oiseaux de Jardin ». Ainsi les chercheurs peuvent exploiter toutes les connaissances recueillies sur les oiseaux de jardin ; qui plus est, c'est un bon moyen de s'impliquer davantage dans le monde de l'ornithologie – alors tentez le coup, il y a de quoi se distraire.

LE GPS ET L'OBSERVATION DES OISEAUX

Comme nous l'avons déjà vu, les technologies modernes ont modifié l'ornithologie – sans doute aucune ne l'a fait plus que le GPS. Avec un GPS en main, l'endroit exact où un oiseau a été détecté peut être localisé avec précision, noté et communiqué en un instant. Cependant, même si la technologie offre sans aucun doute des avantages, elle présente aussi de graves inconvénients potentiels – tout dépend de la façon dont vous vous en servez.

Parmi les avantages du GPS figure la précision de ses informations. Cela permet aux ornithologues de retourner exactement au même endroit à différentes reprises, ce qui est idéal pour enregistrer les changements de population à long terme. Il permet aussi à d'autres ornithologues de se rendre au même endroit et de confirmer ce qui a été constaté auparavant, ou de collaborer pendant un certain temps.

De plus le GPS peut souvent se révéler très précieux quand il s'agit de trouver son chemin. De nombreux appareils sont largement interactifs et peuvent vous permettre de saisir dans votre ordinateur les points de cheminement, les itinéraires et les sites touristiques ; le GPS est ainsi particulièrement utile à ceux qui vont à la poursuite d'oiseaux hors des sentiers battus. De plus, nombreux sont ceux qui trouvent qu'il est plus facile de maîtriser ces petits appareils que de savoir utiliser une carte et une boussole.

Les chercheurs ont reconnu la valeur du GPS et fixent souvent des petits émetteurs sur les oiseaux qu'ils étudient. C'est beaucoup moins coûteux et plus rapide que les systèmes télémétriques disponibles auparavant – et certains des résultats sont accessibles en ligne.

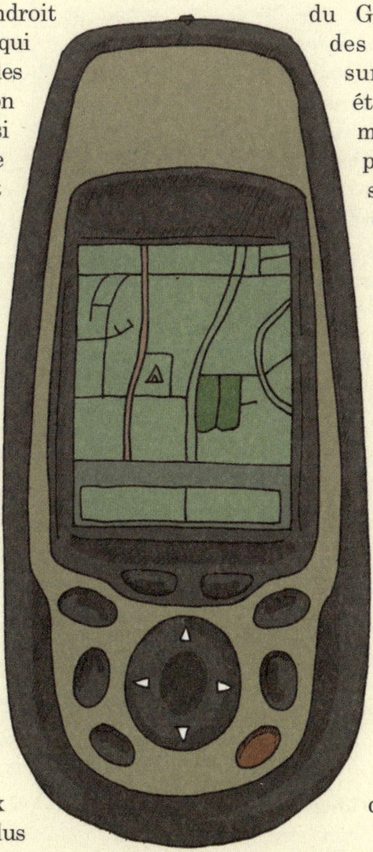

L'ENVERS DU DÉCOR

Comme toujours, il y a des inconvénients. L'un d'eux, c'est que la précision accrue et la facilité de partager des données peuvent attirer des foules d'ornithologues sur les sites vulnérables.

Cependant, il est difficile de critiquer la technologie. Comme toujours, ce qui compte, c'est la façon dont vous l'utilisez.

Le GPS permet de localiser des lieux avec une grande précision n'importe où sur la surface du globe, y compris des sites exceptionnels pour observer les oiseaux.

LES CARTES SONT-ELLES ENCORE UTILES ?

Après avoir considéré les progrès techniques qu'offre le GPS, on serait tenté de supposer que les cartes géographiques traditionnelles ne sont plus utiles. Cependant, elles ont encore un rôle important à jouer, pas seulement lorsque votre GPS est en panne de batterie.

Une carte n'est pas simplement un accessoire utile en complément d'un équipement plus sophistiqué. Si elle est à l'échelle appropriée, elle permet de voir dans son ensemble la configuration du terrain, avec assez de détails pour vous permettre de localiser les endroits favorables pour l'observation des oiseaux.

Ce qui importe, c'est de comprendre quelle est la relation entre les oiseaux et leur habitat préféré, et si toutes les chances sont réunies pour que telle ou telle spécificité géographique offre tel ou tel habitat.

Ainsi de nombreuses espèces d'oiseaux gagnent des zones humides boisées. Une carte géographique indiquera l'emplacement des zones humides, le type de végétation qui s'y trouve et la présence de bâtiments et de routes qu'un ornithologue peut utiliser afin de s'y rendre.

GARDER LA TRACE

Les cartes en papier servent aussi à noter de façon précise, entre autres choses, le lieu où vous avez repéré des oiseaux. Vous pouvez compléter une carte au fil des saisons et des années, et créer ainsi un instrument personnalisé qui vous sera de plus en plus utile.

Il est intéressant de remarquer que les cartes elles-mêmes n'ont pas échappé au progrès de la technologie. Aussi pouvez-vous vous en faire imprimer une pour vos besoins personnels. Certaines sont en relation avec les GPS, si bien que vous pouvez attribuer des coordonnées précises à vos découvertes.

Le matériel électronique sert surtout, non pas à remplacer une carte en papier, mais à la rendre plus utile. De plus, pour ceux d'entre nous qui ont grandi avec des cartes, il y a une attirance indéniable pour cet ancien art que représente l'usage des cartes et de la boussole – à condition que nous ne soyons pas perdus.

Malgré les progrès de la technologie, le GPS et autres choses du même genre, les cartes restent un instrument approprié et souvent plus attrayant pour les ornithologues.

LES PLUS BEAUX OISEAUX

Ceux qui sont passionnés d'oiseaux et ont la chance de parcourir le monde à la recherche d'expériences nouvelles considèrent souvent les quetzals, qui vivent dans la partie tropicale du Nouveau Monde et possèdent un plumage magnifique aux couleurs resplendissantes, comme les plus beaux oiseaux qu'ils aient jamais vus. Le plumage chatoyant, le cadre de la jungle, que vous faut-il de plus ?

Le quetzal est peut-être même le plus ancien prétendant au titre de plus bel oiseau du monde. Depuis des temps reculés les peuples indigènes de la région – les Mayas et les Aztèques notamment – ont révéré l'oiseau comme symbole de beauté. Le nom actuel vient de *quetzalli*, terme utilisé par les Aztèques surtout pour décrire les magnifiques plumes de la queue. Ils croyaient que l'oiseau était si beau que, si on le mettait en cage, on le condamnerait à mort.

Selon l'avis général, le plumage resplendissant du quetzal est le plus beau de tous.

PRÉFÉRENCE PERSONNELLE

Néanmoins l'expression « le plus beau » est subjective tout au mieux, car elle se réfère à des préférences personnelles et à des expériences uniques. Le faisan mâle, qui porte un collier autour du cou, est lui-même un spécimen chatoyant, en particulier en plein soleil. Quand il prend son essor, le pygargue à tête blanche a une majesté grandiose. Le passerin indigo a des reflets d'un bleu étincelant inimaginable. Des éleveurs qui ont apprécié les merveilleuses ocelles à l'éclat métallique de la queue du paon mâle ont répandu l'espèce aux quatre coins du monde.

Si vous passez en revue les oiseaux d'une liste de coches, quelle qu'elle soit, il est difficile de ne pas découvrir dans chaque espèce quelque chose qui vous fascine. Même la couleur marron du modeste moineau domestique a son charme.

Aussi, par un après-midi pluvieux, pourquoi n'établissez-vous pas votre propre liste et ne demandez-vous pas à vos amis et à vos proches de dresser aussi la leur ? Commencez par les oiseaux que vous avez déjà vus dans des endroits reculés, puis complétez votre liste par les oiseaux que vous souhaiteriez voir. Vous découvrirez que les listes établies par différentes personnes n'ont pas grand-chose de commun, ce qui donnera lieu à des discussions animées en face à face ou en ligne.

TENIR UN JOURNAL PERSONNEL

Avant même que le terme ornithologie ait été forgé, les ornithologues tenaient leur journal. En fait, certains des premiers livres d'ornithologie n'étaient rien d'autre que les journaux personnels rédigés par des ornithologues passionnés.

De nos jours il y a peu de chance que même le meilleur de nos journaux soit publié sous forme de livre. Cependant, tenir un journal s'impose si l'on est ornithologue. On dit parfois que la rédaction d'un journal qui a pour thème la nature et qui est rédigé sur le terrain fait toute la différence entre celui qui aime tout simplement la nature et le vrai naturaliste. Un tel journal est à la fois la mémoire vivante de l'ornithologue et aussi un manuel qui s'enrichit toujours de nouvelles observations.

COMMENCEZ AU COMMENCEMENT

Un journal est tout d'abord un simple carnet qui compte un certain nombre de feuilles blanches et peut devenir quelque chose de simple ou de complexe suivant les humeurs de son propriétaire.. Chaque nouvelle rubrique du journal comportera au moins la date, l'heure, la température, les conditions météorologiques, le lieu, ainsi que le type d'oiseau observé et quelques remarques sur son comportement et son chant. De nombreux ornithologues vont encore plus loin : ils rédigent une sorte de guide de voyage avec un carnet d'adresses où figurent le nom et des détails sur les nouveaux contacts établis et des notes sur le logement.

Pour ceux qui ont un tempérament d'artiste, des dessins dans la marge – ou en milieu de page – peuvent rendre le journal encore plus attrayant et plus utile. Cela est encore plus significatif si les dessins sont faits sur le terrain.

Si vous voulez un journal plus élaboré, il faut établir un index. Il peut constituer un volume séparé – le préparer sur ordinateur en facilite l'édition – où figurent les principales données qui reviennent fréquemment dans votre journal telles que l'espèce d'oiseau, le site, le volume et la page du journal où on peut les trouver. Bien que ceci prenne un peu plus de temps, sans aucun doute ce travail approfondira vos connaissances au fil des saisons.

LA RÉDACTION DU JOURNAL

Beaucoup de gens ont de la peine à se mettre à écrire, aussi vaut-il mieux écrire « au fil de la plume ». Plutôt que de réfléchir avant chaque nouvelle donnée, écrivez tout simplement ce qui vous vient à l'esprit. Ce genre de journal

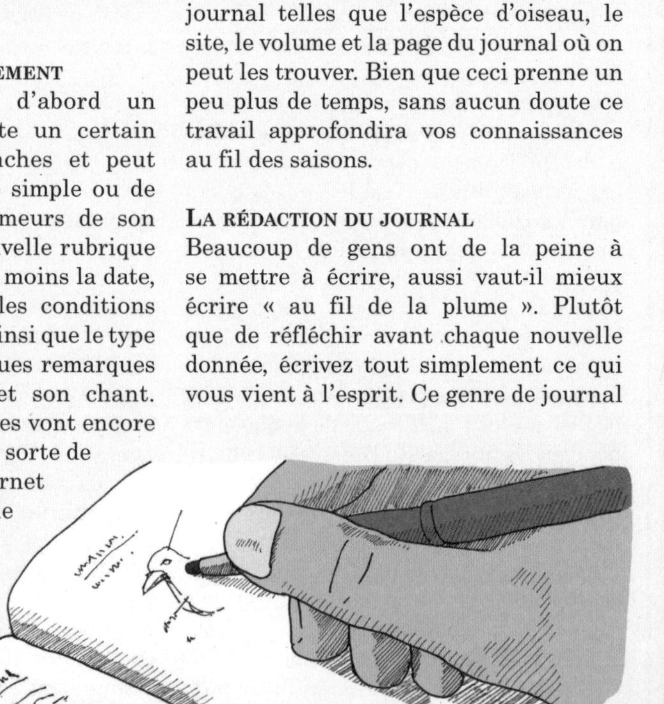

est personnel. Ne perdez pas de temps à essayer de trouver l'expression parfaite, alors que vraisemblablement personne d'autre que vous ne le lira. Cependant, si vous le souhaitez, vous pouvez toujours le transmettre à quelqu'un de la nouvelle génération pour qu'il prenne la relève.

Ne pas s'interrompre

Il est important que la rédaction de votre journal ne devienne pas une corvée, sinon vous ne tarderez pas à le mettre de côté et jamais plus vous ne le reprendrez.

Ne vous obligez pas à rédiger une rubrique chaque jour. Contentez-vous de noter vos remarques en plus ou moins grand nombre à votre gré – il vaut mieux tenir un journal de façon irrégulière que de n'en tenir aucun. En gardant cette idée à l'esprit, de nombreux auteurs de journaux ont toujours leur carnet de notes à portée de main ou près de la fenêtre d'où ils observent le plus souvent les oiseaux. Ainsi, chaque fois que l'occasion se présente, vous pouvez écrire rapidement quelques lignes, faire un dessin et le tour est joué.

Selon certains, l'utilisation de mini-caméscopes numériques de la nouvelle génération pourrait être le nouveau moyen de tenir un journal. À mon avis, il ne suffit pas d'enregistrer ce qu'on voit pour faire un journal.

Bien que certains journaux soient devenus des livres à la mode, la plupart représentent un document très personnel pour chaque ornithologue.

Votre premier oiseau

Faites une pause pendant quelques secondes et pensez au premier oiseau que vous vous souvenez avoir vu. Rappelez-vous autant de choses que possible sur cet oiseau. Ces souvenirs du premier oiseau, du moins quand il a été identifié, impliquent généralement les conseils d'un membre plus âgé de la famille.

C'est ce qui s'est passé dans mon cas personnel. Ma mère, qui n'est plus de ce monde, observait la plupart du temps les oiseaux par la fenêtre de sa cuisine, et c'est de ce poste d'observation que j'ai pris goût à l'ornithologie. Mon premier oiseau était-il un moqueur qui chaque année nichait dans la haie d'épine-vinette en bordure de notre jardin, ou un gros-bec qui, pendant l'hiver, se rendait dans le sud en quête de meilleurs sites pour se nourrir, ou encore un des faisans qui parcouraient les champs de l'autre côté de notre haie ?

Maintenant il m'est difficile de répondre exactement à cette question. Il n'en est pas moins vrai que ces souvenirs vivaces me font remonter dans le temps.

Vous souvenez-vous du premier oiseau que vous avez remarqué ?

LES ORNITHOLOGUES, DES POTES POUR LA VIE

Quand le petit groupe d'ornithologues que je dirigeais pour la première fois sortit de la forêt pour entrer dans le parking, je remarquai un visage plutôt familier dans un autre groupe qui venait d'arriver et s'apprêtait à partir. La femme sembla me regarder aussi d'un air ébahi, se posant apparemment les mêmes questions que moi : est-ce que je connais cette personne ? Où l'ai-je déjà rencontrée ? Les réponses semblèrent nous venir à l'esprit au même moment, à en juger par le sourire qui presque au même instant éclaira notre visage.

Alors nous nous précipitâmes tous deux au milieu du parking et nous nous embrassâmes. Des années auparavant nous avions tous deux fait partie d'un groupe d'ornithologues que dirigeait un de nos amis communs dans le Parc National de Yellowstone. Aujourd'hui nous nous retrouvions au pied d'une montagne couverte de forêts à l'est de la Pennsylvanie, à plusieurs milliers de kilomètres à l'est de l'endroit où nous nous étions rencontrés.

Nous étions restés en relation, d'abord en nous écrivant puis en correspondant par e-mail, partageant ainsi un grand nombre de nos exploits d'ornithologues et nous demandant souvent si nous observerions à nouveau les oiseaux ensemble. C'était presque devenu la réalité. Mon groupe terminait et le sien commençait. Mais nous allions être tous les deux dans la même région au moins pendant 24 heures et nous allions modifier nos plans pour le lendemain afin d'être ensemble.

C'est un exemple des relations entre ornithologues. Des années peuvent s'écouler entre des expériences partagées. Cependant le motif commun, qui est de repérer et d'étudier de nouveaux oiseaux, est toujours présent et c'est un lien très fort. Il y a toujours quelque chose de nouveau à partager et quand l'occasion se présente de passer du temps ensemble à observer les oiseaux, on la saisit et on l'apprécie. Et c'est souvent comme si très peu de temps s'était écoulé.

La mère d'un autre pote ornithologue est morte récemment. Nous n'avions correspondu

Le monde des ornithologues peut être étonnamment petit. De vieilles connaissances réapparaissent dans les endroits les plus inattendus.

d'aucune façon depuis des décennies. Mais quand il répondit à mon e-mail où je lui présentai mes condoléances, il évoqua une époque plus heureuse sur un lac dans une région sauvage du Québec et les plongeons arctiques que nous avions regardés ensemble avec tant de plaisir. D'autres potes ornithologues qui vivent à proximité sont prêts à faire en commun des excursions. La présence aux réunions du même club d'ornithologie et les rencontres fortuites sur les mêmes sites forgent et maintiennent les liens d'amitié.

Les potes en ligne

De nos jours nous avons Internet. Dans le contexte numérique le terme *ami* a pris un sens tout à fait nouveau. Nous n'avons plus besoin d'avoir rencontré quelqu'un face à face pour le considérer comme un ami. On peut échanger par un simple clic de souris des photos de découvertes et d'opérations menées avec succès au cours de sorties ornithologiques. Dans le monde des forums de discussion où l'on s'attribue des pseudonymes, on pourrait très bien vivre à proximité de la personne à laquelle on s'adresse sans avoir jamais eu de conversation sur les oiseaux en face à face, mais en étant devenu des potes pour la vie dans le monde virtuel.

L'ornithologie est le ciment de nombreuses amitiés. Elle fournit de nombreux sujets de conversation, elle donne un objectif à l'amitié et stimule l'esprit de compétition et l'esprit d'équipe, ce qui est logique quand des personnes qui s'intéressent aux mêmes choses poursuivent un but commun. Dieu merci, il me semble que toutes ces valeurs continuent de se développer dans les communautés d'ornithologues, que ce soit en ligne ou sur le terrain lorsque vous avez vos bottes aux pieds.

QUESTIONS D'ORNITHOLOGIE

Ne laissez aucune trace

En tant qu'ornithologue vous n'avez aucune excuse si vous ne réduisez pas au strict minimum votre impact sur l'environnement. Observez des règles élémentaires d'une grande simplicité :

- Organisez tout à l'avance pour vous donner le plus de plaisir possible et réduire au minimum votre impact sur l'environnement.
- Concentrez ou dispersez votre activité suivant le site. Dans les zones déjà fortement dégradées par l'homme, les activités concentrées feront moins de dégâts supplémentaires.
- Dans les zones isolées, sauvages, disperser votre activité réduira au minimum l'effet de votre passage.
- Rapportez chez vous ce que vous emportez.
- Débarrassez-vous convenablement de vos excréments.
- Jetez toutes les eaux usées à au moins 60 m de tout point d'eau.
- Contentez-vous de photographier et d'enregistrer. Laissez les lieux dans leur état.
- Faites le moins possible de feux de camp.
- Respectez la faune et observez-la à une distance qui ne lui cause pas de stress.
- Respectez les autres en vous déplaçant par petits groupes, en faisant peu de bruit, en évitant les sites où se trouve déjà un autre groupe, en portant des vêtements dont les couleurs se fondent dans l'environnement (excepté pendant la saison de la chasse), en restant en dehors des propriétés privées et en laissant les barrières comme vous les avez trouvées.

« LISTE DE COCHES »

Les ornithologues sérieux attachent la plus grande importance à leur « liste de coches ». Après tout, ces listes sont la chronique de leur vie d'ornithologue – toutes les espèces qu'ils ont vues y sont cochées. La recherche de cet oiseau qui leur échappe toujours afin de combler une lacune dans la liste ne se termine jamais et peut inciter les ornithologues à faire des efforts, des voyages, des dépenses qu'on ne peut imaginer.

La « liste de coches » de la plupart des ornithologues amateurs compte en général 300 espèces. Si un ornithologue réussissait à voir toutes les espèces d'oiseaux d'Amérique du Nord, la liste totaliserait environ 850 espèces ; au Royaume-Uni, elle en compterait environ 500 ; et pour le monde entier, environ 10 000.

L'ornithologue décide la façon dont il établit sa liste de coches. Cependant, la classification la plus utile est phylogénétique : on emploie les noms latins (voir p. 17) et la classification s'effectue selon l'ordre, la famille, le genre et enfin l'espèce. Classer les oiseaux de cette façon rend une telle liste plus facile à utiliser.

AVERTISSEMENT

Une liste de coches peut être un excellent aide-mémoire, mais évitez le piège dans lequel tombent de nombreux ornithologues – ne centrez pas vos efforts uniquement sur votre liste. Bien sûr, c'est merveilleux de voir un oiseau après de longues années de recherche, et cela peut être gratifiant de le cocher sur votre liste. Mais tout compte fait, vous n'allez pas voir tous les oiseaux du monde ; aussi pourquoi ne pas tout simplement observer avec plaisir ceux que vous rencontrez et éviter de vous tracasser si certains vous échappent ?

FAISONS LE POINT

Nous sommes maintenant au milieu de ce petit ouvrage, j'ai donc pensé que ce serait l'endroit idéal pour faire le point. L'ornithologie est un passe-temps, une quête, voire une passion ou même un sport. Mais, du moins pour la plupart d'entre nous, ce n'est ni une science ni une profession.

Certains d'entre nous peuvent apporter leur contribution à telle ou telle étude scientifique ou peut-être participer à ce qui peut passer pour une compétition. Mais l'activité essentielle consiste en la recherche à travers champs et forêts de petites boules de plumes qui chantent.

C'est une très bonne chose qu'en grande majorité nous nous préoccupions des menaces qui, dans l'environnement, pèsent de plus en plus sur les oiseaux et sur toute la nature. La question est capitale. Mais en même temps il est important que nous ne nous prenions pas trop au sérieux.

Bien sûr, il est agréable de partager nos observations, mais trop souvent nous donnons l'impression de nous consacrer à un véritable culte. Que nous soyons passionnés par notre passe-temps, fort bien. Toutefois ne poussons pas cette passion jusqu'aux extrêmes.

Faites une pause, songez à la raison pour laquelle vous avez commencé à observer les oiseaux et, si vous sentez que vous êtes sur le point de devenir obsédé, alors calmez le jeu.

LES SACS ET LES GILETS

Avoir l'équipement approprié en bon état et à portée de main peut être la condition de la réussite ou de l'échec d'une expédition ornithologique. Nous traitons des équipements particuliers dans de nombreux chapitres, mais ici nous examinerons les moyens que nous utilisons pour transporter tout notre matériel sur le terrain – avec un peu de chance pour qu'il reste sec et ne soit pas endommagé.

Le choix principal pour la plupart des ornithologues, c'est celui du gilet et du sac. Il y a tant de modèles sur le marché que j'éviterai de faire des recommandations précises ; je vais plutôt vous donner quelques indications d'ordre général.

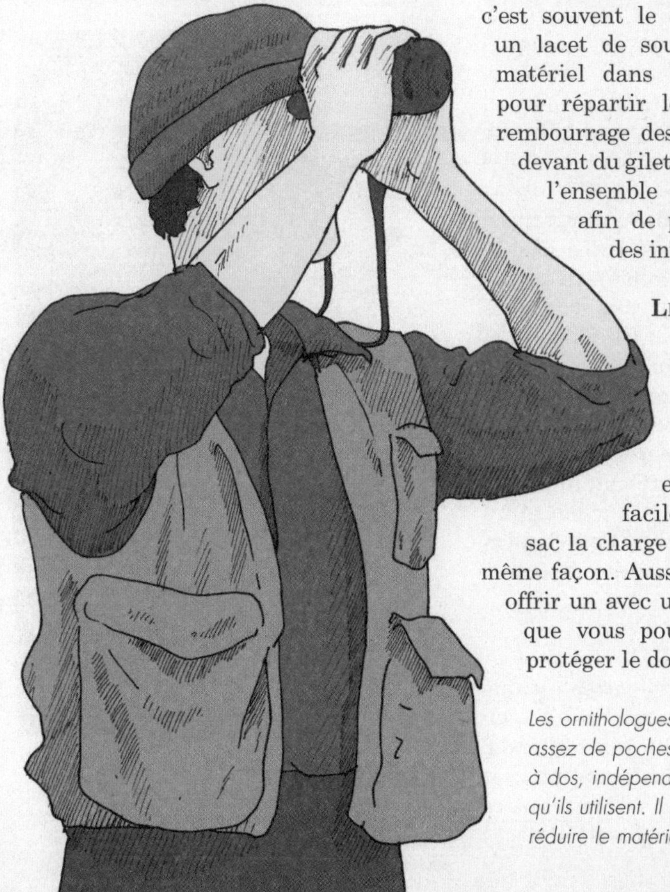

LES GILETS MULTIPOCHES

Les ornithologues apprécient fort les gilets. Ils sont fiers de posséder de nombreuses poches de différentes tailles – qui doivent rester hermétiquement fermées pour éviter que le matériel ne tombe par terre, comme c'est souvent le cas quand vous nouez un lacet de soulier. Répartissez votre matériel dans les différentes poches pour répartir le poids, mais un bon rembourrage des épaules, du dos et du devant du gilet est indispensable. Enfin l'ensemble doit être imperméable afin de protéger votre matériel des intempéries.

LES SACS

De nombreuses personnes utilisent un sac plutôt qu'un gilet. Tout comme le gilet, il doit être imperméable et posséder des poches faciles d'accès. Mais avec un sac la charge n'est pas répartie de la même façon. Aussi est-il sage de vous en offrir un avec un système de courroies que vous pouvez régler pour vous protéger le dos.

Les ornithologues ne semblent jamais avoir assez de poches ou d'espace dans leur sac à dos, indépendamment du gilet et du sac qu'ils utilisent. Il n'est jamais question de réduire le matériel transporté !

LES NICHOIRS

L'installation et le bon entretien des nichoirs peuvent être plus utiles pour les oiseaux que toute autre chose. Les nichoirs peuvent même avoir un effet positif sur la population d'oiseaux cavicoles, qui nichent dans des cavités. Nombreux sont ceux qui parmi eux ont grand besoin d'aide surtout du fait qu'on abat les vieux arbres où se trouvent ces trous.

L'expression « arbre creux » désigne en général un arbre dont les trous donnent accès au monde extérieur, ce qui permet aux oiseaux d'utiliser la cavité. Il faut à la nature peut-être un demi-siècle ou plus pour que se creuse une véritable cavité que nous, les hommes, nous pouvons détruire en quelques instants. La disparition des cavités a pour conséquence directe la diminution du nombre d'oiseaux qui y font leur nid, tels que les merles bleus, les pics et les crécerelles.

Dans certaines régions la compétition pour s'emparer des cavités est si acharnée que chaque nichoir disponible sera occupé sur-le-champ. Cependant, aussi convoités qu'ils puissent être, tous les nichoirs et toutes les cavités ne conviennent pas à toutes les espèces d'oiseaux cavicoles. Bien sûr, la plupart des nichoirs sont identiques avec quatre parois (dont l'une est percée d'une ouverture), un toit et un plancher. Mais s'il n'y a aucune autre particularité, il y a toutes les chances pour que ce soient des étourneaux qui en prennent possession.

LE LOGIS APPROPRIÉ

Le diamètre du trou d'entrée est une des dimensions les plus importantes du nichoir. Les oiseaux sont à la recherche de sécurité. Cela signifie un endroit d'accès facile pour eux mais que d'autres espèces pourraient trouver d'accès difficile.

Telle espèce d'oiseaux peut préférer des nichoirs d'une certaine forme et d'une certaine dimension, mais l'emplacement ne saurait être négligé. En bref, le nichoir le mieux construit, le mieux conçu et le mieux équipé n'attirera pas l'espèce

Des ornithologues qui observent les oiseaux dans leur jardin ont eu l'idée d'installer des nichoirs pour les encourager à faire de leur jardin leur lieu de résidence, ce qui a rendu un grand service aux oiseaux qui nichent dans des cavités.

recherchée, s'il ne se trouve pas dans l'environnement adéquat. Par exemple les crécerelles préfèrent des cavités situées en bordure de champ, là où les arbres sont loin les uns des autres, alors que les merles américains, les hirondelles et les fringillidés préfèrent de grands champs avec des gros arbres çà et là, tandis que les mésanges ainsi que les troglodytes préfèrent l'intérieur des forêts.

L'importance de l'entretien

En ce qui concerne ce sujet, je dois admettre que je vous demande de faire ce que je dis plutôt que ce que je fais. Cela dit, le bon entretien des nichoirs est indispensable pour que les oiseaux puissent continuer d'en profiter. Il est certain que d'autres créatures, par exemple les écureuils, les souris, les abeilles et les guêpes essaient de s'introduire et doivent parfois être chassées de force. Des espèces non désirées comme les sansonnets et les moineaux essaieront souvent d'être les premiers occupants du nichoir – et les matériaux nécessaires à la confection de leur nid doivent être enlevés avant qu'il ne prenne forme. Et quand le nichoir a déjà servi, il faut le nettoyer pour éviter que les maladies et les insectes nuisibles s'y propagent.

Je n'ai jamais été un expert en ce qui concerne l'entretien des nichoirs. Je laisse généralement les oiseaux l'utiliser jusqu'à ce qu'il se disloque. Puis j'en fais construire un autre par mon fils qui est très habile pour ce genre de travail. Ce n'est pas ainsi que les choses devraient se passer. Un nid ainsi négligé s'est disloqué au bout de quelques mois, car ses vieux clous rouillés ont cédé sous la pression de toutes les ramilles qu'un écureuil particulièrement ambitieux y avait introduites.

Ce qu'il faut faire et ne pas faire pour les nichoirs

- ✦ Choisissez un nichoir de forme et de dimensions appropriées pour l'oiseau à qui vous souhaitez rendre service.
- ✦ Mettez les nichoirs hors de portée des chats et d'autres prédateurs en les plaçant loin des arbustes et de branches d'arbre en surplomb, et équipez le pieu qui les soutient d'un bandeau de protection contre les prédateurs.
- ✦ Percez quelques trous d'aération dans la paroi du nichoir et quelques trous d'évacuation dans le plancher.
- ✦ Faites en sorte que la paroi du nichoir entre le plancher et le trou d'envol ne soit pas un obstacle afin d'aider les oisillons à faire leur premier vol.
- ✦ Mettez une charnière à l'une des parois latérales du nichoir pour en faciliter le nettoyage.
- ✦ N'utilisez pas de nichoir en métal. Il ne fournira pas l'isolation thermique nécessaire aux oisillons qui sont à l'intérieur.
- ✦ Ne placez pas de perchoir devant le trou d'entrée du nichoir, car il attirera d'autres oiseaux qui viendront harceler les occupants ou pire encore.
- ✦ Ne suspendez pas un nichoir car il pourrait tomber et blesser les occupants.
- ✦ Ne peignez pas l'intérieur d'un nichoir, car les composants chimiques de la peinture interféreront avec la climatisation naturelle que fournit le bois à l'intérieur du nichoir.

PENSEZ À L'EAU

L'eau attire les oiseaux comme un aimant. Il ne leur est pas aussi facile de se la procurer en pleine nature qu'on pourrait le croire – surtout quand il y a eu une période de sécheresse. Mais même quand les conditions ne sont pas aussi épouvantables, la présence d'eau augmentera considérablement le pouvoir d'attraction de votre jardin.

Alors que boire de l'eau est un besoin vital pour les animaux sauvages, elle les attire aussi pour d'autres raisons. Le bain par exemple. Aussi de nombreux oiseaux de jardin semblent-ils apprécier l'eau simplement pour cette raison. Ils passent de longs moments à se doucher, se perchent à proximité pour se lisser les plumes puis reprennent leurs ablutions. Les oiseaux se baignent pour de nombreux motifs, notamment pour se nettoyer les plumes et enlever les parasites. Un bon plongeon peut aussi rafraîchir l'oiseau par une journée caniculaire.

S'il n'y a aucun point d'eau dans votre jardin ou à proximité, mettez-y simplement une baignoire pour oiseaux. Et si vous veillez à ce qu'elle reste propre et pleine d'eau fraîche, elle attirera bien plus d'oiseaux d'espèces différentes de celles que vous avez déjà. C'est garanti : installez-la et ils viendront.

L'EAU EN MOUVEMENT

Tout dispositif contenant de l'eau dans le jardin peut attirer les oiseaux si vous ajoutez le bruit de l'eau en mouvement. Inutile d'utiliser un dispositif compliqué et coûteux pour faire une chute d'eau ; percez simplement quelques petits trous dans le fond d'une bouteille en plastique, comme celles utilisées pour le lait, et suspendez-la au-dessus de votre baignoire pour oiseaux ou de votre bassin. Le son se propagera et attirera les oiseaux de très loin aux alentours.

Comme points d'eau au niveau du sol, mettez de simples casseroles sur la pelouse en veillant à ce qu'elles soient toujours remplies d'eau, ou installez de grands bassins profonds. Plus les points d'eau sont importants et diversifiés, plus grande sera la diversité des oiseaux et des animaux sauvages qu'ils attireront.

Quelle que soit la source d'eau au niveau du sol ou dans le sol que votre budget vous permettra de réaliser, des profondeurs différentes seront très appréciées des oiseaux et des autres animaux sauvages. S'il s'agit seulement de donner aux oiseaux l'occasion de se baigner, les profondeurs devraient aller de 1 à 7 cm environ.

La structure du point d'eau doit offrir assez de surfaces plates et d'autres légèrement rugueuses, qui ne soient pas glissantes. Un point d'eau destiné à la vie aquatique doit avoir une profondeur allant de 1 cm à au moins 60 cm au centre, ce qui est suffisant pour empêcher une partie de l'eau de geler pendant l'hiver dans la plupart des régions tempérées.

Pour ce faire, peut-être aurez-vous besoin de l'accord d'une autorité locale. Si ce n'est pas le cas, il faut considérer les problèmes de sécurité avec l'installation d'un bassin, en particulier lorsqu'il y a des enfants.

OBJETS RECYCLÉS

De nombreux « paysagistes pour oiseaux » se servent de matériaux recyclés, allant des baignoires qu'ils ont chez eux à de vieux bidons en métal coupés en deux.

De l'eau courante dans votre jardin attirera un bien plus grand nombre d'oiseaux.

Cependant de tels agencements ont une utilité limitée pour les oiseaux.

On peut facilement les rendre plus utiles et plus attrayants en ajoutant notamment de gros cailloux pour avoir des profondeurs différentes, éliminer les surfaces glissantes et attirer les insectes aquatiques. Par exemple une vieille baignoire encastrée dans le sol et réaménagée de cette façon (peut-être avec en plus quelques plantes aquatiques en pots) perdra vite son aspect rébarbatif et aura une seconde vie vraiment fonctionnelle.

L'utilisation de ce genre de matériaux pour faire un mini-bassin ou quelque chose de semblable nécessite un certain talent créateur. De plus c'est une façon d'avoir un effet positif sur l'environnement en utilisant ce qui autrement occuperait de l'espace dans un site d'enfouissement des déchets.

Acheter du neuf

Les avantages du recyclage mis à part, la plupart des gens jugent bon d'acheter un bassin neuf, si leur budget le leur permet. Ces bassins ont tendance à prendre la forme de minibassins en plastique prémoulé ou de grandes poches flexibles en PVC. Si vous envisagez de faire un tel achat, essayez de trouver un bassin qui ait l'air plus naturel, peut-être de forme irrégulière. En général, dans la nature on ne trouve ni cercle, ni rectangle parfait.

LE VÉHICULE DE L'ORNITHOLOGUE

Environ une fois par mois – ou un peu moins souvent si je suis honnête – ma voiture devient le modèle même de l'organisation. Malheureusement cet état de choses utopique est de courte durée.

Tout commence avec de bonnes intentions. Les jumelles sont dans leur étui posé sur la bande velcro du tableau de bord. Les cartes sont bien pliées dans leur boîte. Les stylos et les carnets de notes sont groupés dans le vide-poches à l'avant. Tous les sièges peuvent être utilisés. Et le plancher à l'arrière est d'une propreté impeccable.

Une fois qu'on a observé le premier oiseau, ma voiture est un véritable capharnaüm. Le siège arrière est transformé en plan de travail pour préparer la manœuvre suivante. Les cartes sont mélangées et froissées. Les jumelles se sont logées dans un endroit du coffre difficile à atteindre. Certes il y a de nombreux points positifs dans le style de vie d'un ornithologue toujours sur la brèche, mais il n'est pas question d'avoir une voiture dans laquelle tout est méticuleusement rangé.

OBSERVER LES OISEAUX DEPUIS L'EAU

Je me suis rendu dans des endroits sur des lacs que n'avaient visités que très peu de gens au cours des cinquante ou des cent dernières années. Là où m'a porté mon canot, des pygargues à tête blanche en train de se nourrir de truites qu'ils venaient d'attraper et des hérons qui barbotaient prudemment sans même hérisser une plume sous l'effet de la peur étaient presque à portée de main. Observer les oiseaux par voie d'eau peut vous amener dans des lieux éloignés et isolés et vous révéler certaines choses sous un aspect vraiment nouveau.

Je préfère me déplacer en canoë ou en kayak, parce qu'ils vous permettent d'accéder à toutes sortes de plans d'eau. Des embarcations de toutes tailles et de toutes sortes peuvent amener un ornithologue à profiter d'occasions exceptionnelles.

De plus, non seulement vous voyez les oiseaux que vous cherchez sous un jour différent, mais vous avez aussi le temps de réfléchir. Il y a peu de choses dans la vie qui soient plus apaisantes et plus enrichissantes que l'observation des oiseaux en étant sur l'eau.

Aventurez-vous sur l'eau et laissez derrière vous les foules d'ornithologues, alors que vous entrez dans de nouveaux royaumes habités par de nouveaux oiseaux.

COMPRENDRE L'HABITAT

On peut comprendre beaucoup de choses sur les oiseaux en s'intéressant à leur habitat. Chaque espèce a ses exigences spécifiques, et cherche un habitat capable de répondre à ses besoins. En gros, on peut distinguer quatre exigences fondamentales : l'abondance de nourriture, la présence d'eau, la possibilité de trouver un abri contre les prédateurs et contre le mauvais temps, et enfin, la sécurité pour élever les petits et suffisamment d'espace.

Dans le monde de la nature, les espèces et les éléments de leur habitat ont évolué ensemble au cours des millénaires. Chaque espèce s'est adaptée, à la fois du point de vue physique et du point de vue comportemental pour profiter au maximum de son habitat.

Et, dans de nombreux cas, les éléments de cet habitat ont évolué en même temps pour profiter de la présence de l'animal. Un exemple : les fleurs en forme de cornet dans les Amériques utilisent les oiseaux-mouches qui se nourrissent de nectar pour transporter le pollen d'une fleur à l'autre.

Des décisions capitales

D'un point de vue général, on considère que la destruction des habitats est responsable du déclin de milliers d'espèces d'oiseaux dans le monde entier. Même en Occident – où l'habitat est relativement stable, comparé à des zones où la déforestation galopante est en cours – la population de certaines espèces d'oiseaux a diminué de près de 90% depuis les années 1960. Des scientifiques croient que nous sommes arrivés maintenant au point où il faut décider quelles populations nous voulons sauvegarder.

Ce qui peut faire la différence

Cela peut ne pas avoir un effet considérable, mais chacun de nous, notamment en banlieue, peut faire quelque chose pour redonner à notre terre un autre aspect que celui de ce paysage rasé de près, manucuré, si typique de nos jours. Les oiseaux nous remercieront. Et ce sera certainement un endroit bien plus intéressant pour y vivre.

Du point de vue de tout ce qui vit, l'habitat doit offrir quatre éléments clés : la nourriture, l'eau, l'abri et un espace suffisant.

LES MANGEOIRES POUR OISEAUX

Tout comme de nombreux appâts pour la pêche sont conçus surtout pour ferrer les pêcheurs et saisir le contenu de leur portefeuille, je crois fermement que certaines mangeoires pour les oiseaux sont conçues plus pour attirer les gens qui les achètent que pour les oiseaux qu'elles doivent nourrir. Je ne crois vraiment pas que cela fasse quelque chose à un oiseau si son casse-croûte provient de la réplique d'une grange peinte en rouge vif ou de la bouche d'un chat en acrylique. Mais ces mangeoires nouveau style peuvent ajouter un certain éclat au jardin, si c'est le genre de choses que vous aimez.

Avant de choisir la mangeoire qui convient, il faut d'abord savoir quels oiseaux vous voulez attirer et connaître la façon dont ils préfèrent prendre leurs graines. Quelques types élémentaires de mangeoires répondent à ces exigences, ce qui n'y répond pas relève de la décoration ou du simple gadget.

LES MANGEOIRES TUBULAIRES

Les mangeoires tubulaires sont les plus prisées aujourd'hui par les gens qui nourrissent les oiseaux. On préférait jadis les mangeoires à silo, à l'époque où nous étions plus nombreux à fabriquer nos mangeoires, surtout en bois, car il est beaucoup plus facile de faire une mangeoire à silo qu'une mangeoire tubulaire. Cependant, maintenant que nous utilisons surtout des mangeoires fabriquées en usine, les mangeoires tubulaires, qui économisent les graines et qui sont faciles à suspendre et à remplir, sont les plus populaires.

Comme son nom l'indique, une mangeoire tubulaire est un cylindre avec au sommet une ouverture pour la remplir protégée par un toit amovible, une chaîne pour la suspendre, et une série de petits trous et de perchoirs à l'extérieur là où les oiseaux peuvent manger. Les trous de nourrissage existent en différentes tailles pour s'adapter à différents types de graines.

Une variante moderne est la mangeoire pour fringillidés (bouvreuils, bruants, gros-becs, pinsons, etc.), dont les perchoirs sont placés au-dessus des trous de nourrissage, qui sont de minuscules fentes. Cette mangeoire est prévue pour offrir la *guizotia abyssinica* (graine noire) assez chère à juste quelques espèces de fringillidés très recherchés qui se suspendent la tête en bas pour se nourrir, comme le chardonneret d'Amérique, en excluant les autres espèces du festin.

Les mangeoires tubulaires sont presque toujours des mangeoires suspendues. Elles sont prévues pour être faciles à décrocher afin d'être remplies et nettoyées.

Les mangeoires à silo

Une mangeoire à silo consiste en un récipient rempli d'une réserve de graines libérées petit à petit dans des plateaux situés de chaque côté à la base de la mangeoire. Au fur et à mesure que les oiseaux mangent, d'autres graines remplacent celles qui ont été consommées. Cependant ces mangeoires ne sont pas toutes économiques,

Les mangeoires à silo ont une grande capacité de stockage de sorte qu'elles peuvent distribuer de grandes quantités de graines pendant longtemps.

Les gaines en fil métallique remplies de boules de graisse fournissent une nourriture énergétique et sont les préférées d'un grand nombre d'espèces pendant les mois les plus froids.

car les oiseaux prennent régulièrement l'habitude de rejeter les graines qu'ils aiment moins pour avoir celles qu'ils préfèrent.

Les mangeoires à plateau

Les mangeoires à plateau sont beaucoup moins populaires que les mangeoires précédentes. Il y en a de toutes les sortes : grand plateau en bois placé à même le sol ou sur un piquet, grosse pierre plate sur laquelle on répand les graines, etc. L'idée est simple : on étale les graines sur une surface plate pour les oiseaux qui n'aiment pas se nourrir quand ils sont perchés. Les colombes, les pigeons, les merles et les moineaux adorent se nourrir sur le sol. Les plateaux au niveau du sol leur donnent cette possibilité et évitent le gaspillage.

Les mangeoires à boules de graisse

Ces mangeoires peuvent être des gaines en fil métallique ou des filets dans lesquels on dépose des boules de suif ou de graisse. Les oiseaux s'accrochent à la gaine ou au filet pour extirper la graisse ou le suif qui est à l'intérieur. Les filets ont tendance à se détériorer vite sous l'assaut constant des becs et des griffes.

Les mangeoires pour oiseaux-mouches

Si vous habitez en Amérique du Nord, vous pouvez offrir aux oiseaux-mouches une mangeoire spéciale. Elle est composée d'un réservoir fermé destiné à la réserve de nectar qui s'écoule lentement dans des tubes qui sont inclinés vers le bas et qui sont très souvent décorés pour ressembler à des fleurs. Certaines de ces mangeoires ont des perchoirs, mais beaucoup n'en ont pas. Une variante de grande taille est la mangeoire pour loriots qui est le plus souvent de couleur orange.

Ma zone de nourrissage comporte plusieurs mangeoires de chacun des types mentionnés ci-dessus – bien que les mangeoires pour oiseaux-mouches et pour loriots ne soient sorties qu'au printemps et ce, jusqu'au début de l'automne. Au cours de l'année, on peut compter chez moi huit à douze mangeoires en service, à l'exclusion de celles pour les oiseaux-mouches et les loriots. J'ai besoin d'un petit chariot pour transporter les graines nécessaires pour remplir chaque jour mes mangeoires, ce qui est peut-être un peu extravagant, mais ainsi j'attire toute l'année une quantité d'oiseaux de toutes espèces en nombre considérable.

Sans doute je donne l'impression d'avoir une nouvelle marotte passagère. Mais dans un lointain passé on nourrissait déjà les oiseaux. L'empereur chinois Xuande avait demandé à ses artisans de fabriquer des mangeoires en porcelaine bleue et blanche qu'il remplissait personnellement durant son règne au quinzième siècle. Voilà qui dépasse la mesure, n'est-ce pas ?

AIDER LES OISEAUX À FAIRE LEUR NID

Le printemps où j'ai tondu le cocker dans le jardin fut l'année où dans tout le voisinage on a vu des nids beige clair. Tels des clients à une liquidation de stock, les oiseaux ont fait la queue pour emporter d'énormes quantités de poils afin de garnir confortablement leur nid.

Le printemps suivant, nous avons offert des bouts de fil de coton ou de laine, coupés suffisamment court pour qu'ils ne prennent pas les oiseaux au piège ni ne les blessent – et le résultat fut le même.

Les matériaux que vous souhaitez offrir pour faire les nids peuvent être suspendus au-dessus des branches des arbres ou des rameaux des buissons, entortillés dans des ronciers, enfoncés dans des fissures d'arbres ou fourrés en vrac dans un filet suspendu quelque part dans le jardin comme l'est une mangeoire.

D'autres matériaux pour faire les nids en provenance de votre activité dans le jardin, comme les tontes de pelouse et les mauvaises herbes, peuvent être laissés tels quels simplement là où ils se trouvent. De nombreux oiseaux utilisent de la boue pour construire leur nid – et elle peut être difficile à trouver les années de sécheresse. Aussi, envisagez de transformer un coin de votre jardin en une grande flaque d'eau boueuse. Vous pouvez faire en sorte qu'il y ait beaucoup de boue en ratissant le sol que vous arrosez généreusement et régulièrement avec le tuyau d'arrosage.

Les matériaux artificiels

Il faut être prudent quand on offre aux oiseaux des matériaux artificiels. Par exemple l'herbe en plastique qu'utilisent les parents pour tapisser le panier qu'ils donnent à leurs enfants à Pâques, pourrait être mortelle pour les oiseaux.

De nombreuses espèces d'oiseaux utilisent volontiers toutes sortes de matériaux pour construire leur nid : débris de végétaux, cheveux, etc.

De même les colorants de certains papiers sont toxiques, il est donc préférable de s'en tenir au papier ordinaire passé à la broyeuse – et d'éviter le papier extra-blanc qui est traité.

Les oiseaux utiliseraient volontiers la bourre de sèche-linge, mais elle a tendance à retenir très longtemps l'humidité même en cas d'averse brève, et pourrait donc faire baisser la température des œufs et des oisillons.

En bref, n'ayez pas peur d'aider les oiseaux, mais commencez par vous demander si ce que vous leur offrez les aidera vraiment ou leur nuira. En cas de doute, optez pour ce qui est naturel.

SAVOIR UTILISER LES JUMELLES

Il fut un temps où une douzaine d'ornithologues – et j'étais du nombre – repéraient soudain un oiseau tout près dans les broussailles. Une douzaine de jumelles étaient portées à une douzaine de paires d'yeux. Une demi-douzaine d'ornithologues voyaient presque aussitôt l'oiseau avec leurs jumelles. Trois ou quatre avaient l'oiseau dans leur objectif en moins d'une minute ou deux. Mais, presque inévitablement, je me trouvais parmi les deux derniers qui braquaient désespérément leurs jumelles sans rien voir.

Cela s'est passé ainsi jusqu'au moment où un ornithologue chevronné m'a aimablement appris à me servir correctement de jumelles, en me rappelant que les bonnettes d'oculaire en caoutchouc souple étaient totalement incompatibles avec mes lunettes. Rabattez le caoutchouc et appliquez l'oculaire contre les verres de vos lunettes, m'expliqua-t-il. Ah, maintenant c'est tellement mieux !

Ensuite, remarqua mon conseiller, familiarisez-vous avec la mise au point, apprenez à vous servir de la molette au-dessus de la charnière entre les deux tubes en la tournant à droite ou à gauche pour obtenir une image nette et claire.

Puis il m'a révélé le secret que j'ignorais, la solution que très peu de notices sur les jumelles mentionnent : ajustez chaque oculaire séparément avant d'aller sur le terrain.

Choisissez par exemple un panneau sur lequel figurent des traits clairs et nets. Mettez l'oculaire réglable du côté droit au point zéro sur son échelle, fermez l'œil droit et faites le réglage pour l'œil gauche en utilisant la molette centrale. Puis, sans toucher au réglage pour l'œil gauche, fermez votre œil gauche et réglez pour l'œil droit avec l'oculaire réglable. À ce moment là, ouvrez les deux yeux, le panneau doit être très net. (La plupart des jumelles ont l'oculaire réglable sur la droite, mais si les jumelles en question l'ont sur la gauche, intervertissez les instructions.)

Faites une nouvelle vérification du réglage : choisissez un deuxième objet à une distance différente et, les deux yeux ouverts, tournez la molette centrale de mise au point afin d'obtenir une image nette. Fermez l'œil gauche, puis l'œil droit tour à tour. L'image doit rester nette pour les deux yeux. Si elle ne l'est pas, vous devez effectuer un petit réglage supplémentaire, en suivant le même processus que précédemment, mais effectuez les réglages par petites touches.

Une mise au point correcte peut faire la différence entre apercevoir un oiseau et le manquer.

COMMENT AIDER LES OISILLONS

Existe-t-il quelque chose qui soit aussi vulnérable qu'un oisillon qui vient de naître ? Je pense aux rouges-gorges, aux geais, aux cardinaux, aux colombes et à la plupart des autres oiseaux, en d'autres termes à tous les oisillons nidicoles qui naissent sans plumes, tout nus, les yeux clos et qui dépendent complètement de leurs parents pour tout.

Ce sont les bébés sans défense que nous rencontrons le plus souvent dans nos jardins, que ce soit dans un nid en équilibre précaire sur un rebord de fenêtre ou par terre, quand une rafale de vent les a fait tomber de leur nid. Par ailleurs les oisillons nidifuges – comme les oies et les canards – naissent recouverts d'un duvet soyeux, les yeux ouverts et attentifs à ce qui se passe autour d'eux. Ils sont prêts à se débrouiller tout seuls très peu de temps après être sortis de l'œuf.

Si vous vous trouvez face à un oisillon sans défense, perdu, alors la meilleure chose que vous puissiez faire, c'est le remettre dans son nid. Trouvez simplement le nid et remettez-y l'oisillon le plus simplement du monde.

AUTRE SOLUTION

Si le nid a été détruit, de nombreuses espèces d'oiseaux des jardins accepteront un nid de substitution. Un petit panier d'enfant ou un pot à beurre – avec des trous percés dans le fond pour l'écoulement de l'eau – peut être installé à l'endroit où se trouvait le nid. Si le nid d'origine peut être récupéré et placé dans le pot, alors c'est l'idéal. Cependant, si le nid d'origine est trop endommagé, confectionnez-en un nouveau avec des herbes sèches, douces au toucher, que vous mettez dans le nid de substitution. Puis remettez l'oisillon ou les oisillons dans le nid. Les oiseaux adultes commenceront probablement par se montrer méfiants en considérant le nouveau nid, mais les cris de leur progéniture auront tôt fait de l'emporter sur cette inquiétude.

La première chose que vous devez faire quand vous trouvez des oisillons, c'est de vous assurer qu'ils sont bel et bien abandonnés.

ÉLEVER UN OISILLON

S'il n'y a absolument aucun moyen de remettre l'oisillon dans son nid et si vous êtes certain que les circonstances ont amené les parents à l'abandonner (il faut que vous en soyez certain), alors il vous faudra sans doute prendre des dispositions pour sauver le bébé. Cependant soyez conscient du défi que vous relevez : il faut nourrir les oisillons environ tous les quarts d'heure toute la journée, du lever au coucher du soleil – ce n'est donc pas quelque chose dont peut vraiment se charger quelqu'un qui travaille, même à temps partiel. Le mieux, c'est de prendre quelques mesures élémentaires qui vous seront expliquées ici et puis de faire appel à un spécialiste de la réadaptation à la vie sauvage.

De toute évidence un non-spécialiste a fort peu de chances de réussir. Mais s'il n'y a vraiment pas d'autre possibilité et si vous ne pouvez pas vous résoudre à laisser la nature suivre son cours, mettez le bébé dans une petite boîte obscure dont le couvercle est percé de trous. Placez un coussin chauffant, réglé à basse température, sous la boîte ou une ampoule électrique de 40 watts un peu au-dessus. N'ajoutez pas d'herbe dans la boîte, car cela fera plus de mal que de bien. Si vous avez le sentiment que vous devez tapisser le nid, utilisez des serviettes en papier. Durant tout ce processus, touchez aussi peu que possible au bébé et ne lui parlez pas. La nourriture sera bientôt le besoin le plus urgent mais, au départ, il faut éliminer autant que possible toute cause de stress.

Dès que l'oisillon est installé, appelez un professionnel. Essayer de lui faire manger un mélange que vous avez préparé vous-même – par exemple des morceaux de pain trempés dans du lait ou du miel, ou même des insectes – fera probablement mourir le malheureux oiseau. De même le recours à un compte-gouttes aura toutes les chances de se terminer par un désastre.

Les oisillons nidifuges

Bien qu'ils puissent trouver la plus grande partie de leur nourriture, même les oisillons nidifuges sont vulnérables s'ils sont séparés de leur mère.

Si vous en trouvez, rassemblez-les dans un endroit sûr de votre jardin où les parents peuvent les rejoindre. Surveillez-les tranquillement à une distance raisonnable pour être certain que les chats ne profitent pas de la situation en attendant que les parents reviennent. Ce sera généralement une question de minutes quand le calme sera revenu. Si rien ne s'est passé au bout de quelques heures, il est probablement temps de faire appel à un professionnel.

Questions d'ornithologie

Des structures sûres pour les oiseaux

Un jour trois bébés merles bleus à poitrine rouge étaient blottis dans un nichoir près de l'endroit où j'habite. Le lendemain j'ai aperçu un gros serpent noir avec trois renflements dans le ventre. À la différence d'un piquet en métal ou d'un poteau de barrière pourvu d'un bandeau de protection contre les prédateurs, le poteau en bois sur lequel le nichoir était fixé permettait au serpent d'y accéder facilement.

Nous croyons bien faire et puis, c'est le désastre. Par exemple un nichoir dont l'entrée est trop large peut permettre à un prédateur de s'y introduire ; une mangeoire peut être trop près d'un fourré où se cachent les chats qui vont attraper les oiseaux. Nous pouvons expérimenter au sein de la nature, mais il est souvent difficile de prévoir toutes les conséquences de nos actions. Ce n'est pas une raison pour ne pas prêter à la nature une main secourable, mais ne soyez pas surpris quand les choses ne se passent pas comme vous l'avez prévu.

Quoi que vous fassiez pour venir en aide aux oiseaux, vous ne pouvez jamais être certain du résultat.

RÉGALONS LES OISEAUX

Nous sommes nombreux à aimer établir des relations plus étroites avec les oiseaux de notre jardin en cuisinant pour eux. Ainsi des pommes de pin imprégnées de graisse sont un régal qui a fait ses preuves et qui est toujours très apprécié.

Il vous faudra plusieurs pommes de pin que vous ramasserez dans votre jardin ou dans un parc voisin. Prenez de préférence des pommes de pin bien ouvertes.

1. Entortillez l'extrémité d'un fil de fer à la pointe de chaque pomme de pin.

2. Il vous faudra aussi de la graisse de bœuf, que l'on trouve généralement au rayon boucherie du supermarché, à des prix habituellement raisonnables.

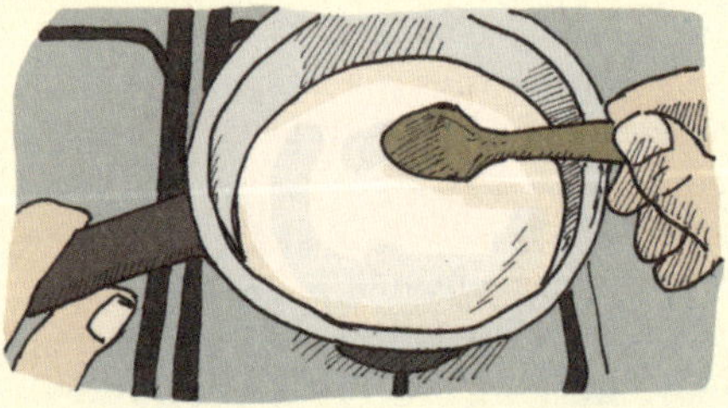

3. Mettez la graisse dans une casserole et faites-la fondre lentement à feu doux.

4. Quand la graisse s'est liquéfiée après avoir été chauffée une première fois, laissez-la refroidir et durcir puis faites-la fondre une deuxième fois.

5. Après l'avoir fait fondre une deuxième fois, laissez la graisse refroidir à nouveau. Au bout d'environ cinq minutes, mélangez une poignée ou deux de graines dans la graisse, en tournant avec une cuillère.

6. Laissez le mélange refroidir encore quelques minutes, puis plongez-y vos pommes de pin lentement, en recouvrant du mélange la plus grande surface possible de chaque pomme de pin.

7. Mettez les pommes debout sur une feuille de papier paraffiné placée sur une assiette et mettez le tout plusieurs heures au réfrigérateur.

8. Quand le mélange de graisse et de graines s'est durci, suspendez votre régal pour oiseaux par l'extrémité du fil de fer à des branches d'arbre de votre jardin.

AUTRES RÉGALS

On peut verser le même mélange de graisse dans des moules à gâteaux ou à muffins et le laisser durcir. On peut utiliser ces gâteaux à la graisse faits maison exactement comme les gâteaux achetés en magasin. Une autre façon d'utiliser ce mélange, avant qu'il soit complètement durci, c'est de l'étaler sur des arbres, des poteaux, des grosses pierres dans le jardin. Ainsi on convertit de nombreuses surfaces utiles en autant de mangeoires.

Une réserve de graines pour nourrir des oiseaux dans le jardin, c'est le carré de mauvaises herbes ou la prairie voisine où poussent des fleurs sauvages. Avec la permission du propriétaire, ramassez des brassées de mauvaises herbes sèches qui portent encore des fleurs fanées ou des graines sur les tiges.

Rassemblez à la base avec un fil de fer les tiges chargées de graines. Puis suspendez ces bouquets avec un autre fil de fer à un poteau de mangeoire ou de barrière, à des arbres là où cela vous plaît ; les oiseaux viendront s'y accrocher pour picorer les graines.

Enfin répandez à la volée un sac plein de cacahuètes en coques dans votre jardin, dispersez-les dans chaque coin et dans chaque anfractuosité. Les cacahuètes entières sont particulièrement appréciées par de nombreuses espèces d'oiseaux. Sans mentionner les écureuils qui passeront de nombreuses heures divertissantes à les chercher jusqu'à ce qu'ils les aient trouvées.

CHOISIR LES JUMELLES SELON LES NOMBRES

Les jumelles bénéficient d'une technologie assez élémentaire, indispensable pour l'observation des oiseaux. Comprendre et utiliser cette technologie le mieux possible contribue à vous donner un avantage supplémentaire quand vous êtes sur le terrain.

Les nombres qui sont gravés sur chaque paire de jumelles et qui importent vraiment constituent une équation telle que 8x32. Le nombre à gauche indique le grossissement de huit fois. Le deuxième nombre à droite est le diamètre de la lentille à l'avant des jumelles, appelée aussi objectif. Plus ce nombre est élevé, plus grande est la lumière qui entre dans les jumelles et meilleure est l'image vue à travers les jumelles, surtout lorsque la luminosité est faible. Par exemple un objectif de 50 mm laisse entrer environ deux fois plus de lumière qu'un objectif de 35 mm. Bien sûr, à mesure que les deux nombres de l'équation augmentent, les jumelles deviennent plus lourdes et plus difficiles à manier. Et de plus, le prix des jumelles augmente. Par exemple, une paire de jumelles de 10x70 peut peser deux fois plus qu'une paire de 7x50 et dépasser le budget de nombreux ornithologues amateurs.

Autres considérations

Un autre nombre important est le champ visuel, qui mesure à une distance de 1000 mètres environ la largeur de la scène que l'on voit. Un champ visuel plus grand grâce aux jumelles facilitera la découverte d'oiseaux ; par contre, on percevra moins bien les détails.

De même, plus la pupille de sortie est grande, (il s'agit de la taille de l'image à l'endroit de la mise au point des jumelles), plus il sera facile de garder l'œil fixé sur l'image quand la lumière est vive et plus l'image sera lumineuse. La taille de la pupille de sortie est calculée en divisant le diamètre de l'objectif par la puissance de grossissement. Les porteurs de lunettes qui sont atteints d'astigmatisme – ce qui signifie qu'ils ont besoin de porter leurs lunettes quand ils se servent de jumelles –

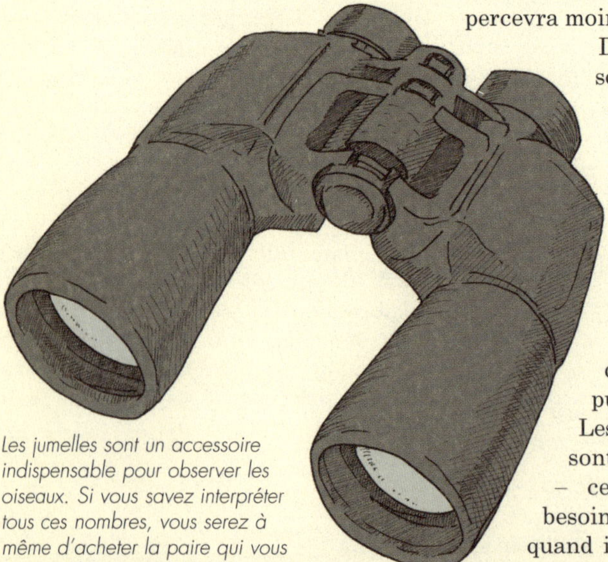

Les jumelles sont un accessoire indispensable pour observer les oiseaux. Si vous savez interpréter tous ces nombres, vous serez à même d'acheter la paire qui vous convient le mieux.

s'intéresseront particulièrement au dégagement oculaire des jumelles. Le dégagement oculaire est la distance derrière l'oculaire à laquelle l'image est nette. Un dégagement oculaire trop long projettera l'image derrière la lentille de correction des lunettes. Pour la plupart de ceux qui portent des lunettes, un dégagement oculaire de 15 mm sera à peu près correct.

On peut facilement régler sur l'infini pour presque toutes les jumelles. Ce n'est pas aussi facile d'y parvenir pour le plan rapproché. Les jumelles ordinaires bon marché se régleront en général sur des objectifs qui ne sont pas à moins de 6 m environ. Un bien meilleur choix pour l'observation des oiseaux est une mise au point proche de 3 m ou moins.

Le nombre de revêtements sur les lentilles des jumelles est également un nombre qui a son importance. Les lentilles sont traitées pour réduire la perte de lumière quand elle se reflète sur la surface de la lentille et pour accroître la lumière transmise à travers le verre. Sans aucun revêtement, la perte de lumière par lentille peut être d'au moins 5%, mais elle peut être réduite à quelques millièmes par lentille avec un revêtement multi-couches.

Cependant tout ne peut se réduire à de simples nombres. Pour savoir quelle impression donnent les jumelles quand on les a en mains, il n'y a qu'une façon de le découvrir, c'est d'aller dans un magasin et d'en essayer plusieurs paires.

TÉLESCOPES POUR L'OBSERVATION DES OISEAUX

Comment se fait-il que les astronomes amateurs qui ont des instruments d'optique à focale longue montés sur des trépieds semblent toujours être des gens si aimables, prêts à partager, à laisser les autres jeter un coup d'œil dans leur télescope ? Par contre, les ornithologues qui ont un télescope pour l'observation des oiseaux monté sur un trépied semblent être des snobs qui tiennent à leur territoire et préfèrent que vous passiez votre chemin plutôt que vous aperceviez « leur oiseau ».

À part la taille de leur instrument d'optique qui peut être assez semblable, qu'est-ce qui fait réagir ces deux groupes de façon si différente à l'égard d'autrui ? Est-ce que les télescopes pour l'observation des oiseaux représentent d'une manière ou d'une autre une aristocratie de l'ornithologie ? Pour acquérir un télescope, fût-il bas de gamme, il faut un investissement minimum important – et peut-être ceux qui en possèdent un méprisent-ils ceux qui n'en possèdent pas. Cette opinion traduirait-elle en quelque sorte sa propre jalousie ?

Les télescopes pour l'observation des oiseaux représentent-ils un véritable progrès en ce qui concerne l'optique ou sont-ils simplement un symbole de classe ?

LES TAS DE BROUSSAILLES POUR LES OISEAUX

Les tas de broussailles attirent les oiseaux, en particulier de nombreux oiseaux de jardin. Cependant leur présence peut aussi irriter nos voisins, surtout ceux qui s'enorgueillissent d'avoir des pelouses soigneusement tondues et des massifs de fleurs tirés au cordeau.

Les broussailles font naturellement partie de nombreux écosystèmes, en particulier dans les régions tempérées où vit la majorité d'entre nous. Laisser un ou deux tas de broussailles sur un site qui a été conquis sur le milieu naturel pour bâtir une habitation, c'est, d'une certaine façon, rendre quelque chose à la nature.

Parce que depuis des générations et des générations les oiseaux entretiennent des rapports avec des broussailles, celles-ci attirent comme un aimant de nombreuses espèces. Elles les abritent du mauvais temps, les protègent de leurs ennemis en leur fournissant un refuge et leur offrent parfois de la nourriture sous forme d'insectes qui y vivent et de plantes qui y poussent.

Certaines des espèces les plus courantes peuvent commencer à utiliser les broussailles presque aussitôt que nous les avons coupées et mises en tas. Il faut parfois attendre plus longtemps pour que des espèces plus rares s'y réfugient quand elles les trouvent par hasard.

Alors quel est l'inconvénient ? Eh bien, des arrêtés locaux peuvent interdire d'avoir des tas de broussailles. Mieux vaut se renseigner pour éviter tout problème.

Les tas de branchages dans les jardins n'attirent pas la vermine à moins qu'il n'y ait à proximité de la nourriture, qui attire rats et souris.

On se plaint couramment que les tas de branchages attirent la vermine, mais seule la nourriture facilement et régulièrement accessible en est responsable. Certes, une souris ou deux pourraient profiter de graines répandues par terre, mais ce n'est pas suffisant pour attirer des rongeurs qui ne se trouvent pas déjà à proximité.

Comme pour tout, il y a le pour et le contre ; cependant du point de vue de l'ornithologie, les tas de broussailles sont une bonne chose.

Comment faire un tas de broussailles

C'est facile. Empilez tout ce que vous avez éliminé à la suite de la taille, en laissant de petites ouvertures accessibles aux oiseaux. Placez vos déchets les plus légers, comme les mauvaises herbes, par-dessus les branchages, en veillant à ne pas les tasser et à ne boucher aucune des ouvertures. Ajoutez d'autres déchets au fur et à mesure que vous entretenez votre jardin.

Choisissez avec soin l'endroit où vous placez le tas de broussailles, notamment en raison de vos voisins. Un coin à l'écart au fond de la propriété est idéal, surtout si c'est à côté d'une haie.

Même dans ce cas, il peut être préférable pour garder de bonnes relations avec le voisinage de dissimuler le tas, ce qui peut se faire de différentes façons. Vous pouvez construire un enclos ou bien planter des buissons tout autour. Vous pouvez même planter des plantes grimpantes, par exemple des plantes ornementales comme la glycine.

Un tas fait avec art

Un tas de branchages avec des déchets divers attirera les oiseaux, mais vous pouvez encore mieux faire. Dans un tas de broussailles – même le plus élémentaire – les matériaux se tassent petit à petit et obstruent ainsi de nombreux passages pour les oiseaux. Vous pouvez consolider ces passages et même en créer de nouveaux, en fabriquant une sorte de claie semblable à celle qui sert à faire sécher des fruits.

Commencez par mettre une claie sur le sol, et par dessus une seconde claie. Puis empilez des branchages sur le tout. Ensuite déversez d'autres déchets de jardin et continuez ainsi de plus en plus haut.

Si vous avez un grand jardin et si vos voisins ne sont pas hostiles, envisagez de faire plusieurs tas à différents endroits. Un tas à proximité du jardin d'agrément ou du potager attirera des oiseaux insectivores ; un tas juste en face d'une fenêtre de toute évidence vous donnera l'occasion d'observer facilement les oiseaux ; les spécialistes de la faune recommanderaient d'en placer près d'un bosquet, ou encore près d'une voie d'eau ou d'une zone humide, pour favoriser tout ce qui vit à l'état sauvage.

Enclencher le processus

Finalement, si vous voulez que les oiseaux viennent rapidement visiter votre nouveau tas de broussailles, jetez quelques poignées de graines autour et sur le tas. Vous pourriez même envisager de suspendre une mangeoire au-dessus, mais assurez-vous qu'elle est bien hors de portée de tout prédateur éventuel comme le chat du voisinage.

LE FACTEUR CONFORT

Il se peut que les lecteurs plus jeunes trouvent inintéressantes les remarques suivantes mais, passé un certain âge, avec chaque nouvelle année, vous ressentez quelques douleurs et quelques maux supplémentaires, et vous appréciez davantage un peu plus de confort, même au cours d'une sortie ornithologique. Certes, il vous faut vous déplacer, mais cela n'exclut pas un certain confort pour prendre plaisir à observer les oiseaux.

Un pliant léger est un perchoir beaucoup plus agréable qu'un rocher dur qui fait mal aux fesses ou un rondin infesté de tiques. Cependant on n'arrête pas le progrès : de nos jours un siège pivotant permet de se tourner rapidement pour jeter un coup d'œil dans une autre direction sans avoir besoin de se lever d'un bond pour orienter différemment le pliant.

LES VÊTEMENTS

Des blousons dont le tissu respire, de plus en plus légers chaque année, et faits avec des matériaux isolants de pointe contribuent à protéger du froid et de l'humidité. Récemment j'ai trouvé une paire de mitaines ultra-légères, imperméables, en tissu microporeux, avec des fentes qui s'ouvrent pour permettre de se servir librement des doigts gainés de tissu synthétique.

Il y a plusieurs années on avait l'impression que les fabricants de brodequins avaient réduit le poids au minimum et augmenté l'imperméabilité au maximum. Mais, à la suite de nouvelles recherches, le confort des chaussures s'est régulièrement amélioré.

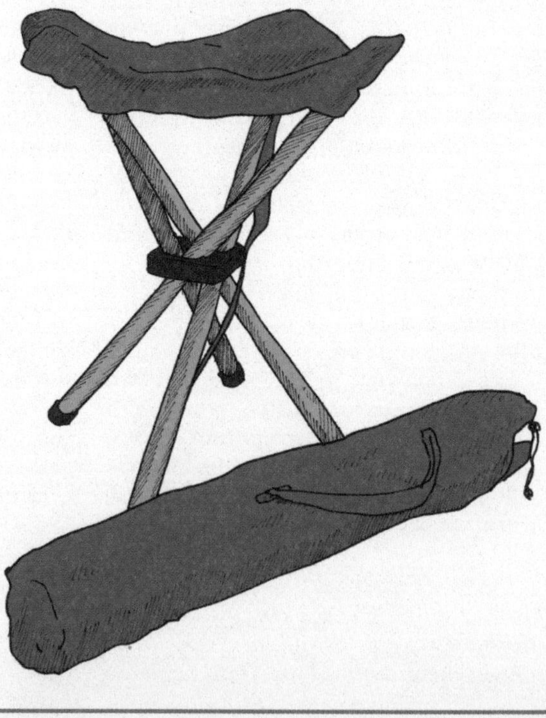

Mes sorties ornithologiques sont devenues infiniment plus agréables grâce à un pliant confortable.

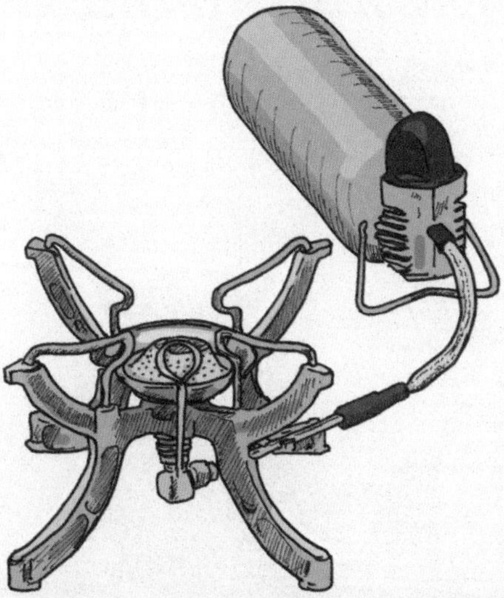

Un repas chaud sur le terrain peut vraiment vous remonter le moral, surtout quand il fait mauvais temps et qu'il n'y a pas un oiseau en vue.

MATÉRIEL DE CUISINE

Grâce à des réchauds grands comme la main qu'on peut mettre dans le sac à dos avec des cartouches à gaz presque aussi petites, et grâce à des tasses ultra-légères qu'on peut poser directement sur le feu, prendre une boisson chaude sur le terrain réconforte sans qu'il y ait pratiquement le moindre inconvénient. Même les bouteilles à eau se font toujours de plus en plus légères, bien que l'eau elle-même pèse toujours exactement le même poids.

D'un point de vue général, je suis un partisan convaincu d'un retour à des matériaux plus naturels et à des choses plus simples. Cependant j'admets que, lorsqu'il s'agit de mon confort en pleine nature, j'apprécie au plus haut point la haute technologie.

UN MENU D'ORNITHOLOGUE

Chaque printemps un couple d'ornithologues que je connais organise avec minutie une fête pour ses amis. La journée commence par un concours d'observation d'oiseaux plutôt bon enfant avec un prix pour l'équipe gagnante. Elle se termine en fin d'après-midi par un véritable festin, qui évoque un thème particulièrement intéressant.

Leur festin le plus mémorable a été inspiré du pique-nique victorien anglais traditionnel. Nos amis se sont dit que les Anglais et les Anglaises de l'époque victorienne furent parmi les premiers à faire de l'observation des oiseaux un passe-temps et qu'ils pique-niquaient probablement quand ils allaient en randonnée à la recherche des oiseaux.

Apparemment ces Victoriens savaient festoyer. Figuraient au menu de notre repas du rosbif, du bœuf bouilli, de l'agneau, du faisan et du canard froids, du jambon, de la langue de bœuf au vinaigre, du veau et du jambon chauds ; des tourtes aux légumes, du homard, une salade printanière avec des concombres ; des fruits secs avec des gâteaux secs, du gâteau au fromage blanc avec des baies, du pudding avec de la crème, du flan aux amandes et des pâtes feuilletées à la crème remplies de confiture. Tout cela était arrosé de thé noir anglais gunpowder, servi chaud ou froid, avec du citron ou de la crème.

Le repas fut servi sur des nappes en tissu étalées sur la pelouse ; certainement cela n'avait rien à voir avec les sandwiches écrasés que je tire du fond de mon sac à dos.

CUISINER TOUT EN OBSERVANT LES OISEAUX

Ma défunte mère n'a jamais observé les oiseaux en dehors de son propre jardin, ce qui apparemment la passionnait. Une grosse mangeoire en bois que mon père lui avait fabriquée était le centre de son petit monde.

La mangeoire était perchée sur un piquet devant la fenêtre de la cuisine, la pièce où ma mère passait la plus grande partie de son temps à faire des repas pour la famille ou à préparer des casse-croûte. En hiver elle était particulièrement séduite par les gros-becs en provenance du Canada qui faisaient leur apparition le soir.

Je la revois, il y a bien, bien longtemps : accoudée sur une table à la fenêtre de cette cuisine, elle avait une cuillère en bois dans une main et dans l'autre un guide Audubon sur les oiseaux de l'Amérique du Nord. Ce guide devait être l'un des premiers cadeaux pour lequel j'avais économisé mon argent de poche.

Je me demande combien d'ornithologues d'aujourd'hui ont des souvenirs semblables de leurs parents à la fenêtre de la cuisine en train d'observer les oiseaux du jardin et combien d'ornithologues de demain auront des souvenirs de nous dans la même situation.

Il n'y a rien de mieux que de cuisiner et d'observer les oiseaux en même temps. Voici donc une recette pour les nourrir. Faites fondre une demi-livre de graisse. Dans un saladier mélangez une demi-tasse de graines de tournesol noir, une demi-tasse de millet, un quart de tasse de cacahuètes et un quart de tasse de raisins secs coupés en morceaux. Versez la graisse fondue sur les graines et remuez-la. Versez le mélange dans des moules puis réfrigérez jusqu'à ce qu'il durcisse.

UN ACCOUTREMENT CONFORME AU STÉRÉOTYPE

Un stéréotype colle depuis longtemps à la peau des ornithologues. On le trouve dans la comédie américaine des années 60, The Beverly Hillbillies (Les Péquenauds de Beverly)*. Incarnée par l'actrice Nancy Kulp, Miss Jane Hathaway était une ornithologue obsédée, qui se prenait au sérieux et débordait d'enthousiasme. Quand elle allait à la recherche de telle ou telle espèce d'oiseaux, elle mettait quelque chose qui ressemblait beaucoup à un uniforme de scout, chaussettes au-dessus du genou, et cetera. Cette image stéréotypée hante encore les ornithologues de tous les coins du globe.*

Cet accoutrement n'est pas fréquent aujourd'hui, du moins parmi les ornithologues. En tant que chef de scouts, j'avoue que nous portons de tels uniformes au cours de cérémonies et d'événements importants. Cependant, on ne peut plus normalement identifier les ornithologues par leurs seuls vêtements, mais peut-être simplement par un guide qu'ils serrent jalousement contre leur cœur ou par une paire de jumelles.

Alors que vous ne pouvez plus distinguer un ornithologue par sa tenue, l'attitude de certains d'entre nous les distingue parfois. On remarque alors les sourcils froncés dans un effort de concentration ou les dents serrées pour affronter les intempéries. C'est ainsi qu'ils accomplissent leur mission d'une importance capitale !

Un air terriblement sérieux, une passion dévorante lorsqu'il s'agit d'observer des oiseaux peuvent être à l'origine d'un comportement excentrique et en conséquence d'une tenue excentrique.

À CHAQUE ESPÈCE D'OISEAU SON TYPE DE GRAINE

Comme chacun le sait, les oiseaux sont réticents à répondre aux questions qu'on leur pose. En fait, à part quelques perroquets dressés, il est purement et simplement impossible d'obtenir une réponse – fût-elle « je n'ai rien à dire » – d'un membre de la communauté aviaire. Et pourtant nous savons beaucoup de choses sur ce qu'ils aiment manger, simplement parce que des chercheurs ont passé du temps à les observer. Même si vous n'avez pas de blouse blanche, vous pouvez faire les mêmes expériences dans votre propre jardin.

Commencez par plusieurs types de graines, pas de mélange, simplement deux ou trois poignées d'un type de graine particulier. Vous pourrez essayer du tournesol, du carthame, du millet rouge, du millet blanc, du sorgho, des cacahuètes, du riz et du blé mondé.

Disposez des vieilles assiettes ou des pierres plates, toutes environ de la même dimension, à une courte distance les unes des autres quelque part dans votre jardin. Faites preuve de rigueur scientifique en éliminant toutes les variables. Ainsi essayez de mettre toutes les assiettes ou toutes les pierres dans un environnement identique.

Sur les assiettes ou sur les pierres étalez une quantité égale de chaque type de graine choisi pour l'expérience. Notez celui qui se trouve dans chaque assiette et cachez-vous à proximité ou à l'intérieur dans une pièce dont une fenêtre donne sur votre lieu d'expérience. Ayez un carnet de notes et un stylo ou un crayon à portée de main. Jetez un coup d'œil à la pendule et notez l'heure.

ATTENDEZ VOIR

Mettez-vous à l'aise dans un fauteuil confortable avec une bonne boisson à portée de main et attendez. Quand les premiers oiseaux arrivent, notez le temps qui s'est écoulé,

Si vous leur en donnez l'occasion, et si vous procédez de façon méthodique, les oiseaux de jardin révéleront à l'ornithologue attentif leurs préférences en matière de nourriture.

l'espèce d'oiseau, le nombre d'oiseaux de chaque espèce et les graines qu'ils décident de manger. Faites la même chose pour les prochains oiseaux qui se montreront et ainsi de suite. Si un oiseau se présente d'abord devant un certain type de graine puis change d'avis et va vers un autre, notez cela également.

Quand certaines graines ont toutes été mangées, notez-le, ainsi que le temps que cela a pris. Ne les remplacez pas immédiatement ; observez si les oiseaux s'en vont vers d'autres graines.

Prenez note de tout ce que vous observez pendant quelques heures et vous commencerez à savoir quel type de nourriture ils préfèrent. Les meilleurs moments pour faire cette expérience sont de bonne heure le matin ou tard l'après-midi, quand les oiseaux sont les plus actifs dans leur quête de nourriture.

Une variante

Une variante de cette expérience – qui, en fait, se rapproche de la méthode utilisée par les chercheurs pour déterminer les graines que préfèrent les oiseaux – consiste à placer en hauteur un long plateau de nourrissage cloisonné. On pourrait également offrir les différents types de graines dans des mangeoires à silo. Autre solution, des mangeoires tubulaires ; cependant elles limitent la variété d'oiseaux susceptibles de manger les graines, et introduisent ainsi une autre variable.

Quelle que soit la façon dont vous décidez de mener l'expérience, vous serez stupéfait des connaissances que vous acquerrez sur les oiseaux de votre jardin.

Nourrir les oiseaux après l'hiver

L'idée que les oiseaux sont dépendants de la nourriture que leur offrent les mangeoires de nos jardins est inexacte. Alors que le nourrissage en hiver les aide, la raison pour laquelle nous nourrissons les oiseaux le reste du temps, c'est à cause du plaisir qu'ils nous donnent. Aussi n'y a-t-il aucune raison de cesser durant les mois d'été.

Laisser les mangeoires remplies toute l'année n'est ni nuisible aux oiseaux ni vraiment bénéfique car, en fait, ils ont de nombreuses autres sources de nourriture à leur disposition. Cependant, vous assurer qu'ils sont toujours attirés par vos mangeoires peut être un véritable défi car, dans la nature, il y a une plus grande abondance de nourriture et un plus grand choix.

Aussi importe-t-il que vous connaissiez les habitudes alimentaires des oiseaux qui fréquentent votre jardin. Il est également important d'être attentif quand vous les nourrissez, car la nourriture se détériore beaucoup plus facilement quand il fait chaud.

Cependant, le nourrissage d'été offre de nombreux avantages, car il attirera souvent dans votre jardin des oiseaux que vous ne verriez pas pendant l'hiver. De plus, cela vous donne la chance de voir certains oiseaux toute l'année, et de constater comme leur apparence et leur comportement changent au cours des saisons.

OFFRIR UN HABITAT AUX OISEAUX

En supposant que vous souhaitiez changer la vie des oiseaux de votre jardin – ce que les gens font de plus en plus –, une façon d'opérer un changement, c'est de leur fournir un habitat approprié. Cela ne signifie pas qu'il doit être peu attrayant ; bien au contraire, la venue d'une multitude d'oiseaux vous récompensera : votre jardin sera plus animé, il vibrera d'une vie intense.

Cela revient à déterminer les besoins de l'espèce que vous souhaitez attirer dans votre jardin. D'abord vous devez considérer les oiseaux qui s'y trouvent déjà. Puis pensez à ajouter des éléments naturels et typiques de la région pour répondre à leurs besoins. Finalement donnez à votre jardin un petit coup de pouce pour en augmenter le charme.

En ce qui concerne l'habitat, chaque espèce d'oiseau à des préférences qui l'attirent vers un endroit particulier.

L'EAU ET LA NOURRITURE

De nombreux oiseaux de jardin sont surtout insectivores mais ils sont aussi amateurs de graines, d'amandes, de noisettes et de noix. La façon la plus simple de varier la nourriture, c'est de planter des végétaux de la région selon un plan qui étale la production de nourriture d'un bout de l'année à l'autre. On peut aussi mettre des mangeoires à oiseaux, bien que ce ne soit pas une source de nourriture naturelle.

On examinera plus loin en détail le problème de l'eau mais la présence de l'eau agira comme un véritable aimant et rendra votre jardin bien plus attrayant pour de nombreuses espèces d'oiseaux.

L'ESPACE ET LE COUVERT

Quand arrive la saison de l'accouplement et de la nidification, d'autres exigences se manifesteront. À cette époque, des endroits appropriés pour construire un nid et élever les petits attireront bon nombre de locataires éventuels, surtout s'ils sont bien intégrés dans votre jardin.

Cependant les exigences varient selon les espèces. Aussi y gagne-t-on à se familiariser avec les espèces locales.

Les nichoirs offrent des logements supplémentaires aux oiseaux « cavicoles ». On y gagne à savoir ce que les espèces locales préfèrent, car la variété de nichoirs disponibles est très grande.

En plus d'un endroit pour nicher, les arbres du pays, les arbustes et les plantes herbacées offriront aussi un abri pour protéger les oiseaux à la fois des prédateurs et des intempéries. Cela vaut la peine d'envisager de faire votre propre tas de broussailles.

LES BAIGNOIRES POUR OISEAUX

Les baignoires pour oiseaux sont un bon moyen d'inviter davantage d'espèces dans votre jardin. Elles sont populaires depuis longtemps, car c'est une façon rapide, relativement bon marché – et l'entretien est facile – d'attirer toutes sortes d'oiseaux.

Pourvu qu'elles n'aient pas plus de 50 cm de profondeur à l'endroit le plus profond et qu'elles ne soient pas trop glissantes pour qu'ils ne perdent pas pied, les oiseaux se sentiront généralement en sécurité en y plongeant. Une partie du fond est relevée pour permettre aux oiseaux de prendre leur envol à l'approche de prédateurs terrestres, le chat du voisin par exemple. Si vous placez la baignoire à une certaine distance des arbustes et des arbres aux branches basses, ils pourront s'échapper rapidement en cas de menace.

Quand vous installez ou réinstallez une baignoire, rappelez-vous qu'un oiseau qui se baigne est en position de faiblesse car ses plumes sont mouillées. Son envol sera un peu plus lent que d'habitude. Son vol ne sera pas aussi rapide et aussi sûr que lorsqu'il est sec. Les oiseaux en sont tout à fait conscients, donc un emplacement qui offre une certaine sécurité contribuera à assurer une bonne utilisation de la baignoire.

AUTRES VISITEURS

Les baignoires pour oiseaux attirent aussi des insectes. Certains sont beaux en eux-mêmes, et même ceux qui ne le sont pas attireront souvent davantage d'oiseaux. Qui plus est, ne soyez pas surpris si quelqu'un d'autre profite de votre générosité – il n'est pas rare de voir un écureuil bondir sur le bord de la baignoire pour prendre rapidement une bonne lampée.

La plupart des oiseaux de jardin préfèrent des baignoires qui ne sont pas trop profondes et dont le fond n'est pas glissant.

APPRENDRE À CONNAÎTRE LES MEILLEURES GRAINES

Voici une devinette. Dans un magasin vous trouvez les articles suivants : un sac de graines mélangées pour oiseaux qui contient en égales proportions du riz, de l'avoine décortiquée, du sorgho et des cacahuètes que peu d'espèces d'oiseaux de jardin qui y sont désirées mangeront. Et tout près, pour le même prix un sac moitié moins gros que le premier qui contient seulement des graines de tournesol noir. Quel est le plus avantageux ?

Les oiseaux finiront par gaspiller bien plus de graines mélangées quand ils essaieront de faire le tri pour manger celles qu'ils préfèrent. Il y aura beaucoup moins de gaspillage dans le deuxième cas, car les oiseaux veilleront à ne perdre aucune des bonnes graines.

Toutes les graines pour oiseaux ne se valent pas. Peu d'espèces d'oiseaux que vous voulez voir à vos mangeoires viendront pour du riz, de l'avoine décortiquée ou du sorgho, qui constituent la plus grande partie des mélanges de graines vendus dans le commerce. Cela ne veut pas dire que tous les mélanges de graines sont mal conçus et peu avantageux. Il existe des mélanges excellents pour une grande variété d'espèces d'oiseaux. Tout ce qu'il faut faire, c'est lire l'étiquette afin de choisir en connaissance de cause.

D'autre part si vous offrez des graines de tournesol noir, de carthame, de millet et de guizotia abyssinica, chaque sorte de

De nombreux mélanges de graines que l'on trouve dans des magasins non spécialisés contiennent une proportion inacceptable de résidus et de graines que les oiseaux n'apprécient nullement.

graine étant placée dans une mangeoire différente, vous répondez presque à tous les goûts des oiseaux de jardin, quel que soit l'environnement. Ajoutez des boules de graisse et tout le petit monde sera satisfait.

Le choix des graines

La graine de tournesol noir est la graine préférée de nombreuses espèces parce qu'elle offre un grain riche en énergie et riche en protéines dans une enveloppe mince, facile à ouvrir. Le tournesol strié servira aussi pour de nombreuses espèces, mais même celles-là montreront une préférence pour les graines noires. Le carthame est une graine particulièrement appréciée des cardinaux en Amérique du Nord. Le millet satisfera les préférences d'un certain nombre d'espèces de moineaux et de colombes qui aiment gratter le sol. Et la graine minuscule, mais très chère, de guizotia abyssinica est parfaitement adaptée aux mini-mangeoires et est appréciée de quelques rares espèces de fringillidés. La graisse plaît à un grand nombre d'espèces mais attirera particulièrement les pics et les sittelles.

Des compléments utiles

Certaines mangeoires de jardin offrent volontiers du maïs en supplément. S'il est concassé, le maïs est particulièrement attirant pour les oiseaux qui se nourrissent à la surface du sol. Mettre du maïs en grains entiers ou en épi dans les jardins qui se trouvent le long de cours d'eau, de forêts et d'autres zones sauvages est aussi une excellente idée, car cela attire du gibier d'eau, des dindons, des faisans et d'autres oiseaux du même genre.

Un complément qui peut vraiment distinguer un lieu de nourrissage dans un jardin de tous les autres du voisinage est le gravier. Les oiseaux, qui n'ont pas de dents, ne mâchent pas, mais ont à la place un organe musculaire, pareil à un sac, appelé gésier qui contribue à la digestion. Il est rempli de petites choses dures comme du sable ou du gravier pour aider à écraser la nourriture. Vous pouvez mettre une assiette remplie de sable ou de gravier à côté des mangeoires – on en trouve même à vendre dans les oiselleries. De plus les oiseaux se régalent de poudre de coquilles d'œuf passées au four et de coquilles d'huîtres broyées.

Y a-t-il suffisamment de graines ?

J'ai tendance à offrir autant de graines et de suppléments – tous de la meilleure qualité bien sûr – aussi souvent que possible. De cette façon je ne me sens pas coupable et frustré quand inévitablement je commets quelque bévue. Pour la plupart, nous commençons avec les meilleures intentions du monde, en achetant les meilleures graines et en rajoutant des graines chaque jour dans nos mangeoires. Puis, à la suite d'une préoccupation, nous interrompons notre routine et les mangeoires passent au second plan. Ce n'est pas un désastre car souvent les oiseaux peuvent se ravitailler ailleurs.

Vous devez veiller à bien entreposer vos graines. En effet elles peuvent s'abîmer si elles ne sont pas conservées dans des récipients hermétiquement clos. Alors la prochaine fois que vous viendrez en mettre dans vos mangeoires, vous aurez toutes les chances de découvrir que les oiseaux n'y prêtent pas attention. Si elles ne sont pas conservées comme il convient, elles peuvent devenir humides, moisir ou germer, ce qui les rend inutilisables.

Enfin, quand vous entreposez vos graines, vous devez veiller à les mettre hors de portée des rongeurs qui repéreront les récipients remplis de riches réserves de nourriture et parviendront à s'y introduire.

LA PHOTOGRAPHIE À DISTANCE

Avec les progrès de la technologie, il est maintenant possible, même pour un amateur, d'avoir des photos d'oiseaux sans jamais déclencher manuellement un obturateur.

La photographie à distance présente un certain nombre d'avantages, car elle permet de prendre des photos que vous n'auriez pas envie de prendre autrement. On comprend pourquoi c'est une excellente façon de surveiller un nichoir ou une mangeoire et d'obtenir des images prises sur le vif. Quand l'appareil est en place depuis quelques jours, les oiseaux l'acceptent comme faisant partie du paysage.

Il existe un certain nombre d'appareils photographiques spécialisés, qui peuvent facilement faire l'affaire. Cependant, alors que certains ornithologues sont fiers de pouvoir les camoufler ou les protéger de la pluie, la qualité des clichés sera un peu inférieure à ceux obtenus avec un bon appareil numérique. Vous pouvez opter pour la combinaison d'un reflex numérique et d'un déclencheur à distance. Certes vous finirez toujours par avoir des photos bizarres, mal cadrées, mais le fichier correspondant est généralement d'une qualité supérieure.

De plus l'ère numérique a rendu tellement plus facile l'échange et l'impression de photos. Vous n'avez pas besoin de vous contenter d'images fixes, car on peut se procurer maintenant des ensembles tout en un de nichoir et de caméra vidéo.

Quel que soit le système que vous choisissez, ce qui est merveilleux, c'est que les photos sur un ordinateur réservent de nombreuses surprises – vous ne savez jamais ce que vous allez découvrir.

LES ÉCRANS

Les téléobjectifs sont remarquables pour obtenir des gros plans bien nets. Les télescopes rapprochent le paysage depuis des distances incroyables. Mais c'est seulement derrière un écran que je me suis trouvé si près qu'un dindon sauvage a vraiment saisi une sauterelle sous mon nez et que le claquement sec qu'a fait entendre un épervier de Cooper en attrapant une sittelle qui s'enfuyait était si proche qu'il était presque tangible.

Les écrans sont la meilleure solution pour voir de près les oiseaux vivre. On les améliore constamment grâce à de nouveaux matériaux de pointe, parce qu'ils se vendent bien dans le monde de la chasse. Ils peuvent aussi être tout à fait rudimentaires, plusieurs épaisseurs de branches grossièrement entrelacées ou un vieux drap blanc qu'on jette sur soi quand on est étendu dans un pré couvert de

Conseil pour l'achat

Grâce à la technologie, le poids des écrans diminue rapidement. Vous pourriez maintenant transporter un écran plus grand que celui que vous transportiez il y a juste un an ou deux. Peut-être cela vaut-il la peine d'envisager un écran pour deux personnes plutôt que pour une. Même si vous l'utilisez seul, il sera bien plus confortable.

neige, ou plus élaborés comme une petite tente avec des piquets et des cordes.

Alors que l'écran fabriqué sur place avec les matériaux que la nature vous offre est facile d'emploi et ne nécessite aucun transport, l'écran que l'on trouve dans le commerce et qui ressemble beaucoup à une tente en possède les qualités en ce qui concerne le confort ! Il maintient les occupants relativement au sec, quel que soit le temps qu'il fait et, ce qui est tout aussi important, il vous maintient relativement au chaud.

Par ailleurs je n'ai jamais eu à courir après un écran fabriqué avec les matériaux trouvés sur place parce que j'avais négligé de le fixer avec des pieux et des cordes. On ne m'a jamais non plus volé un écran de ce genre resté sur le terrain pour familiariser les oiseaux avec sa présence.

Les écrans permettent d'observer les oiseaux de près sans avoir à compter sur des jumelles, un télescope ou un téléobjectif.

CONSTRUCTION D'UNE CACHETTE

Inutile d'attirer les oiseaux les plus singuliers dans votre jardin si vous ne pouvez pas les observer sans les effaroucher. Selon le temps que vous passerez caché avec vos jumelles, les cachettes peuvent être tout ce qu'on peut imaginer, depuis de magnifiques « igloos » en feuillage avec une ouverture pour l'observation, jusqu'à de petites cabanes pourvues d'un vieux fauteuil confortable.

Les cachettes en saule

Une cachette pourrait être une guérite en béton, mais qui en voudrait ? Vous pouvez en construire une géniale avec des rameaux de saule entrelacés, que vous faites passer entre des fils de fer tendus horizontalement et reliés à des piquets en bois. Disposez ceux-ci en carré, en laissant de l'espace pour l'entrée. Vous pouvez acheter le saule sur Internet, il est généralement vendu en tiges de 2 m. Choisissez de préférence Salix viminalis qui pousse de 4 m par an.

Creusez une tranchée de 15 cm de large. Enfoncez les tiges de saule jusqu'à une profondeur de 20 à 30 cm et à une distance de 30 cm les unes des autres. Faites un treillis en entrelaçant les tiges. Attachez-les sans les serrer pour les maintenir en place, puis orientez-les pour qu'elles recouvrent le toit. Taillez les pousses pour qu'elles aient une longueur raisonnable. En hiver effectuez une nouvelle taille et de jeunes pousses ne tarderont pas à apparaître et à offrir un couvert plus épais.

Les cachettes végétales

Vous pouvez également construire une cachette en forme de haie avec par exemple du buis ou de l'if. Vous aurez besoin d'une structure de base avec des pieux et des piquets reliés par du fil de fer. Alignez le buis (qui est d'un vert plus vif que l'if) en séparant chaque pied d'environ 30 cm et mettez-lui à chaque printemps un engrais à base d'algues ; les plantes qui seront vigoureuses ne devraient pas être sujettes à la maladie. Continuez de faire une légère taille pour activer la croissance de nouvelles pousses bien fournies. Vous pouvez alors aménager des orifices pour l'observation. S'ils ne sont pas au bon endroit, qu'importe ? Le buis recouvrira les ouvertures, et vous pourrez en aménager d'autres.

Plantez des sédums, des fleurs sauvages, des graminées et des plantes vivaces sur le

Comment procéder étape par étape pour aménager une cachette végétale. Le feuillage finira par épaissir et le treillis vous assurera un excellent couvert pour vous dissimuler.

Fig.1

Fig.2

Fig.3

Fig.4

toit. Commencez par vérifier que la structure peut supporter la végétation et que l'étanchéité est bonne (tendez une toile imperméable sur le toit existant). Puis mettez en place une charpente en planches avec des compartiments profonds de 5 à 20 cm. Fixez-la bien, et remplissez chaque compartiment avec un substrat léger tel que de la brique écrasée avec un peu de compost. Enfin plantez des végétaux qui supportent la sécheresse. C'est essentiel, à moins que vous ne vouliez passer l'été à arroser votre toit. La cachette, qui aura l'air incroyablement naturelle, attirera de nombreux oiseaux.

L'emplacement est crucial

C'est l'évidence même, votre cachette doit vous permettre de voir autant d'oiseaux différents que possible. Si vous créez un tout nouveau jardin pour oiseaux, assurez-vous que les divers habitats – bassin, mangeoires, arbrisseaux à baies et espace dégagé où les oiseaux peuvent tapoter le sol pour faire sortir des vers – sont visibles depuis la cachette.

Fig.5

Fig.6

L'ORNITHOLOGIE EN LIGNE

Par milliers, les sites Web, les forums, etc. vous incitent à aller découvrir tout ce qui concerne l'observation des oiseaux. Je ne vais pas en donner la liste ici – Internet est un environnement trop changeant – mais voici quelques conseils.

Qu'importe ce que pourraient dire les traditionalistes, le Web est un endroit sensationnel pour les ornithologues. Oui, comme la plupart des gens, je préférerais être sur le terrain, mes jumelles à la main, plutôt qu'assis devant un écran. Mais il y a largement assez de place dans la vie pour que la plupart des ornithologues pratiquent les deux activités.

Internet vous donne la liberté de voyager partout où vous le voulez – bien que virtuellement – sans vous demander si vous pouvez vous permettre d'acheter le billet d'avion. Maintenant vous pouvez parler à des ornithologues dans le monde entier, être au courant de leurs exploits et parler des vôtres. Peu importe l'endroit où ils vivent.

Un site Web personnel est l'idéal pour communiquer avec autrui, en particulier si vous aimez aussi prendre des photos. Il est de plus en plus facile d'en prendre et de les stocker. Et cela est de moins en moins coûteux

Bien sûr, ce qui est merveilleux avec Internet, c'est la quantité d'informations dont vous disposez. Sans aucun doute leur qualité varie considérablement. Mais il ne faut pas beaucoup de temps pour séparer le bon grain de l'ivraie, et tout cela s'ajoute au plaisir que vous éprouvez en observant les oiseaux.

OBSERVER LES OISEAUX AVEC SES OREILLES

Quand ils ne sont pas dérangés, les oiseaux sont loin d'être silencieux. Si vous ne les stressez pas, ils sont impatients d'annoncer leur présence, leur véritable identité et le lieu où ils se trouvent. Le chant et les cris des oiseaux sont des éléments importants qui permettent de les identifier.

« Une bécasse des bois. Là-bas », chuchota notre guide au cours de la sortie du club d'ornithologie. La surprise apparut sur les visages malgré l'obscurité croissante. « Ce *pissp*, c'était elle », expliqua notre guide. Certains ornithologues acquiescèrent de la tête, mais un grand nombre d'autres étaient loin d'être convaincus.

Savoir identifier des oiseaux par le chant et le cri est un talent remarquable et difficile à acquérir. Pour ceux d'entre nous qui ont des capacités musicales semblables à celles de nos voisins sur le banc de l'église qui s'éloignent furtivement pendant les hymnes, cela peut être un objectif lointain. Cependant, le meilleur endroit pour l'acquérir, c'est sur le terrain.

Éduquer le sens de l'ouïe

Être capable d'identifier différents chants enregistrés, c'est comme être capable de faire de la trigonométrie lorsqu'un problème est présenté clairement dans un manuel scolaire – ce qui compte, c'est mettre vos capacités à l'épreuve sur le terrain.

Développer la capacité de distinguer les cris des oiseaux et de les identifier seulement de cette manière exige chez la plupart des gens une adaptation sensorielle. L'homme a évolué au cours de son existence surtout grâce au sens de la vue. Ce que nous voyons nous permet, dans une large mesure, de définir et de comprendre notre monde. Les autres sens interviennent souvent au second degré par rapport à la vue qui prédomine.

Bien d'autres animaux utilisent tous leurs sens à un point que nous ne pourrions jamais égaler, mais il est toujours possible d'améliorer nos capacités. Il y a un grain de vérité dans la sagesse populaire suivant laquelle l'ouïe et l'odorat d'une personne s'améliorent quand elle perd la vue – cela ne veut pas dire que le sens lui-même se renforce, cela signifie que l'individu apprend à mieux interpréter telle ou telle donnée sensorielle. Plus simplement, si vous restez assis les yeux fermés pendant 15 à 20 minutes quand vous vous retrouvez en plein air, vous aurez toutes les chances de vous apercevoir qu'il est beaucoup plus facile de vous concentrer sur les chants et les cris d'oiseaux.

Être capable d'identifier un oiseau par son chant dépend aussi de la capacité d'associer un chant à tel ou tel oiseau. À cette fin il existe de nombreux guides de terrain. Les meilleurs sont accompagnés d'un enregistrement des chants en question.

De tels guides fourniront la description généralement admise d'un chant d'oiseau en utilisant le vocabulaire humain, par exemple en évoquant le « coucou, coucou » du coucou gris. Cet anthropomorphisme dans la façon de décrire des chants et des cris est le plus souvent admis car, de l'avis général, il reproduit la réalité. C'est également un moyen mnémotechnique utile qui permet de communiquer avec d'autres ornithologues. Ce qui est essentiel, c'est l'association d'un chant d'oiseau et de quelque chose de facile à retenir. Alors le chant sera à tout jamais enregistré dans votre mémoire.

SUR LE TERRAIN

La pratique est le meilleur moyen de fixer dans votre mémoire les chants et les cris que vous avez appris. Comme pour une langue étrangère, il est très facile d'oublier ce que vous ne pratiquez pas régulièrement.

Tôt le matin, surtout au printemps, est un des meilleurs moments pour entendre des chants et des cris d'oiseaux de toutes sortes et cela pendant plusieurs heures. Vous avez alors une occasion remarquable de pratiquer avec une grande variété d'oiseaux.

Presque chaque espèce d'oiseau a un chant particulier. Celui de la grive musicienne est l'un des plus beaux.

Ce qu'il y a de merveilleux dans la capacité que vous avez de procéder à de si nombreuses identifications simplement par le son, c'est que, grâce à l'éducation de votre oreille, vous puissiez repérer bien plus d'oiseaux qu'il ne s'en présentera jamais dans votre champ visuel.

Cette capacité ouvre aussi des voies qui resteraient inexplorées, en particulier dans le cas de repérage d'oiseaux la nuit, quand il est quasiment impossible d'en voir un seul. Le nombre d'oiseaux qui chantent après le coucher du soleil est stupéfiant. Vous pouvez trouver agréable de passer un dimanche matin à paresser, allongé dans votre lit, en écoutant et en identifiant les oiseaux de votre propre jardin.

PRENDRE LA DÉFENSE DE L'ORNITHOLOGIE

Comme toute activité qui se pratique au grand air, l'ornithologie a ses détracteurs. Mais même si certaines critiques sont justifiées, les ornithologues en général représentent une force de changement positive.

Dans certains milieux on représente depuis longtemps les ornithologues comme des obsédés, des élitistes imbus de leur supériorité, qui font passer leur amour des oiseaux et de l'ornithologie avant tout le reste. Les médias ont poussé à l'extrême la caricature de ces fanatiques qui s'agrippent à leurs jumelles.

De leur côté, des groupes dont les intérêts sont incompatibles – les chasseurs, entre autres – considèrent parfois les ornithologues comme des intrus qui agissent par intérêt personnel et imposent des restrictions. Ce jugement, en vérité, n'est pas toujours injustifié. De même ceux dont le gagne-pain et les intérêts économiques peuvent aller à l'encontre du bien-être des oiseaux – les fermiers ou les pêcheurs, par exemple – entrent souvent en conflit avec les ornithologues. En attendant, les fonctionnaires de l'Administration, qui doivent servir d'arbitres, peuvent trouver que les ornithologues adoptent des positions inflexibles.

Comme tous les stéréotypes, chacun de ces portraits d'ornithologues est sans aucun doute exagéré, mais au fond il comporte un grain de vérité. Comme c'est arrivé à beaucoup d'autres, dans le passé des compagnons trop zélés à mon goût m'ont gâché le plaisir au cours de sorties ornithologiques. Mais il s'agit certainement de l'exception plutôt que de la règle.

L'impact sur l'environnement

Bien sûr, du fait de la nature même de leur activité, de nombreux ornithologues s'intéressent vivement à l'environnement. J'ai vu des groupes d'ornithologues militer pour un grand nombre de bonnes causes. Cependant il arrive parfois que des ornithologues puissent être condescendants à l'égard d'autres groupes.

On distingue principalement les activités de plein air selon qu'elles ont un impact réduit ou un impact important sur l'environnement. Ainsi les ornithologues, les randonneurs et les pêcheurs qui attrapent les poissons et les remettent à l'eau sont souvent classés parmi les individus dont l'impact est réduit, alors que les chasseurs et les trappeurs sont considérés comme des individus dont l'impact est important. Cependant, étant donné que l'ornithologie de pointe pratiquée de nos jours à une grande échelle implique de nombreux déplacements,

Dans le cas des kiwis de Nouvelle-Zélande, l'intervention de l'homme est la pire ou la meilleure des choses. De nos jours des groupes de préservation de la faune luttent âprement pour éviter qu'ils disparaissent.

aujourd'hui la distinction impact réduit/impact important n'est plus aussi nette. Peut-on vraiment considérer un ornithologue qui fait la moitié du tour du monde en avion pour voir une espèce particulière d'oiseau comme ayant un impact réduit sur l'environnement ?

Il faut également considérer la relation entre votre passe-temps et votre style de vie en général. C'est trop facile de s'inquiéter pour la nature quand vous êtes en plein air pour l'oublier une fois que vous êtes confortablement installé chez vous.

Cela dit, pris dans l'ensemble, les ornithologues sont parmi les groupes de plein air les plus efficaces, les plus dévoués à leur idéal et les plus généreux. Ils agissent à tous les niveaux pour sauver les oiseaux et leur habitat. Ils apportent à leur cause une immense contribution en argent, en efforts et en temps. Et ils ont aussi plus de chances d'être conscients de leur effet sur l'environnement que l'individu lambda. En tant que groupe de pression, les ornithologues ont prouvé qu'ils étaient scrupuleux, voire inflexibles.

Ce que vous pouvez faire

La meilleure façon de vous assurer que vous êtes le genre d'ornithologue qui est utile à l'environnement, c'est de prendre conscience de votre impact potentiel. Une fois que vous aurez considéré toutes les façons dont vous pourriez avoir un impact négatif, réduisez-le ou compensez-le en agissant différemment.

L' « Association Américaine d'Ornithologie » a parfaitement défini le principe éthique de base : « Dans tout conflit d'intérêt entre les oiseaux et les ornithologues, le bien-être des oiseaux et leur environnement priment. »

Questions d'ornithologie

Convient-il d'attirer les oiseaux avec des enregistrements de leurs chants ?

De nos jours la qualité des enregistrements des chants d'oiseaux s'est améliorée de façon impressionnante. De nouvelles techniques telles que les cartes mémoire de la taille d'une pièce de monnaie ont facilité le transport des enregistrements et Internet a permis de les partager immédiatement.

Comme c'est souvent le cas dans le monde moderne de la technologie, il ne s'agit plus maintenant de savoir si nous pouvons utiliser des chants enregistrés mais si nous devons les utiliser pour attirer les oiseaux. Il ne fait aucun doute que les chants enregistrés parviennent à attirer de nombreuses espèces d'oiseaux et qu'ils les éloignent de leurs activités normales. Nous devons nous demander combien d'énergie leur coûtent ces diversions et s'ils courent un plus grand risque de la part de prédateurs. Ces deux questions sont particulièrement pertinentes pendant la saison de l'accouplement, alors que les oiseaux dépensent déjà énormément d'énergie.

Actuellement rien ne prouve qu'il faille totalement interdire d'utiliser des enregistrements, mais il y a de bonnes raisons d'examiner les conséquences éventuelles avant de diffuser chaque enregistrement et de le maîtriser après mûre réflexion.

DES LIEUX INSOLITES POUR L'OBSERVATION DES OISEAUX

Les listes de références ont du succès. Elles font la fortune des magazines qui, sur leur page de couverture, font état de toutes sortes de révélations que vous pourrez y découvrir. Eh bien, voici ma propre liste – une liste des lieux insolites où j'ai observé les oiseaux. Tout d'abord un avertissement : ce ne sont pas nécessairement mes endroits favoris pour observer les oiseaux et ce ne sont certainement pas les plus sauvages, mais ce sont des endroits... plutôt singuliers.

Pour commencer, il y a des toilettes pour hommes dans un immeuble de bureaux à Harrisburg en Pennsylvanie, sur la rive du Susquehanna, avec une fenêtre qui est un magnifique poste d'observation sur la vaste étendue d'eau. On a l'impression d'assister à un défilé continuel de gibier d'eau, d'échassiers et de mouettes.

À l'autre extrémité de l'État, il y a une autre pièce dont les fenêtres offrent une vue parfaite sur un nid de faucon pèlerin tout en haut d'une tour. Mon ami, qui travaille là-bas, va bientôt prendre sa retraite. Aussi ferais-je bien de penser à me faire une nouvelle relation avec quelqu'un qui partage ma passion.

Il y a aussi le restaurant – dont je tairai le nom – où l'on sert la nourriture la plus infecte qui soit, mais qui offre une vue à travers une énorme vitre sur un étang retourné à l'état de marécage. Dans ce havre de paix toutes sortes d'oiseaux des marais vont et viennent constamment. Heureusement vous pouvez dévorer des croque-Monsieur tout juste mangeables et avaler des boissons gazeuses qui ne sont pas suffisamment chlorées pour vous intoxiquer !

LES GRANDES ROUTES ET LES CHEMINS ÉCARTÉS

Je connais, à proximité d'une autoroute entre deux États que j'emprunte régulièrement, un endroit où un pygargue à tête blanche s'est installé de façon un peu incongrue. Je passe à côté en voiture en avançant aussi lentement que la circulation et la patience des conducteurs qui me suivent me le permettent.

Il y a un pont avec un passage pour piétons mal entretenu, le plus étroit qui soit, de chaque côté de six voies et, une ou deux fois par an, je suis tenté de m'y aventurer imprudemment quand

Les endroits les plus invraisemblables peuvent donner l'occasion exceptionnelle d'observer des oiseaux, si vous êtes un de ceux qui ne se contentent pas de ce qui s'impose au regard.

des douzaines de hérons et d'aigrettes nichent sur une île en aval de la rivière. À peu de distance, se dresse un énorme pylône électrique où un nid de pygargues à tête blanche se trouve à environ deux tiers de la hauteur. Les oiseaux tolèrent très bien les gens quand ils s'approchent par le chemin sans issue qui mène directement au pied du pylône. Je connais aussi des champs dans le comté de Lancaster en Pennsylvanie où, année après année, viennent par milliers des merles, des étourneaux et des quiscales à la fin de l'été. Vous pouvez sentir le battement de ces milliers d'ailes quand les oiseaux prennent leur envol.

Ailleurs, des terrils, sous l'effet des intempéries, se sont transformés en falaises abruptes où des colonies d'hirondelles ont creusé des galeries.

De nombreux oiseaux communs se trouvent comme chez eux dans l'environnement créé par l'homme, parfois de toutes pièces.

PLUS PRÈS DE CHEZ MOI

Près de l'endroit où j'habite se trouvent plusieurs grands magasins de bricolage avec des entrepôts à l'extérieur, qui sont protégés de la pluie par un grand toit et que fréquentent en particulier les pigeons.

J'ai une serre à papillons dans mon jardin à papillons qui n'attire absolument pas les papillons mais qui, il y a plusieurs années, a donné envie à un pic-vert d'élargir une ouverture. Le pic et sa femelle ont utilisé la serre à papillons comme ils utiliseraient un arbre creux. Et d'autres couples de pics ont suivi leur exemple les années suivantes.

Je terminerai en parlant de ma maison. La nature reste sauvage jusqu'aux abords de cette habitation et de nombreux nichoirs sont installés tout près de la porte d'entrée.

En conséquence, souvent des oiseaux tels que les bruants familiers, les tourterelles tristes, les rouges-gorges et les étourneaux nichent à peu de distance. Parfois, quand nous rentrons les bras chargés de provisions, la porte d'entrée est grande ouverte et les oiseaux s'introduisent chez nous.

En résumé, les endroits les plus inattendus fournissent souvent les meilleures occasions d'observer les oiseaux. Peu importe si une expédition ornithologique dans des pays lointains dépasse vos moyens, ou si vous travaillez douze heures par jour sans compter le trajet aller et retour. Avant tout pensez à garder les yeux ouverts sur le monde environnant et sur les oiseaux qui le partagent avec nous.

L'ART DE SE CACHER

Le show télévisé britannique Le Cirque Volant *de Monty Python a dispensé des conseils très judicieux sur les talents que doit posséder un ornithologue. Ce spectacle désopilant n'est pas dénué de vérité.*

Le sketch en question s'intitule « Comment ne pas être vu ». John Cleese reprend divers scénarios où l'on voit des gens tout à fait ordinaires qui essaient de se cacher sous peine de mort en cas de découverte. « Dans ce film il y a 47 personnes toutes invisibles. Nous espérons vous montrer l'utilité de ne pas être vu », commente Cleese.

Puis il amène par la ruse plusieurs participants à se montrer et à en payer les conséquences d'une façon typiquement pythonesque. Le premier de ceux-ci est le malheureux M. Bradford, qui habite Black Lion Road à Londres. Le pauvre homme est tué par balle, et Cleese conclut : « Vous comprenez pourquoi il faut rester invisible. »

QUELQUE CHOSE DE TOTALEMENT DIFFÉRENT

La comédie a pour thème la nécessité de se cacher, qui est le fondement même du succès en ornithologie.

C'est une chose d'observer de loin avec des jumelles puissantes, c'en est une autre d'observer de plus près, de façon plus intime. Pour y parvenir, il faut savoir se dissimuler.

Commencez par choisir un abri approprié, puis faites preuve d'autres talents que nous avons déjà mentionnés, la patience et l'art de rester immobile n'étant pas les moindres – et ces talents élémentaires sont difficiles à maîtriser. Heureusement, dans le monde plus sympathique de l'ornithologie, la pénalité en cas d'échec est un sentiment de frustration, non pas la mort immédiate.

Les différentes façons de se cacher sont innombrables. Choisir des vêtements appropriés est crucial.

L'OBSERVATION DES OISEAUX SOUS LA PLUIE

Quand le ciel se met à déverser des trombes d'eau, vous pouvez être sûr que la plupart des oiseaux, à part le gibier d'eau, se mettent à couvert pour rester aussi secs que possible. Le défi pour vous, c'est de rester sec sans avoir à courir à la recherche d'un abri.

En tant qu'ornithologue à la poursuite des oiseaux, vous cherchez trop souvent votre proie parmi la végétation ruisselante de pluie. Dans ces conditions toutes sortes de vêtements imperméables révèlent leur principal défaut : ils vous laissent trempé jusqu'aux os.

Un temps exécrable peut amener les oiseaux à se comporter de façon singulière, mais il peut aussi endommager considérablement vos appareils délicats et coûteux.

J'ai réussi à éviter d'avoir les jambes toutes mouillées en portant des guêtres de chasse, qui sont plus connues des chasseurs que des ornithologues. J'augmente l'imperméabilité de mes guêtres en matière synthétique en vaporisant dessus de nombreuses couches de silicone.

En les traitant de cette façon, on augmente aussi l'imperméabilité des anoraks en tissu synthétique. Mais cela se fera souvent au détriment de leur capacité à laisser s'évacuer la sueur. Il est probablement préférable de s'abstenir de traiter une veste neuve (ou tout autre vêtement imperméable) avant qu'elle ne soit devenue moins imperméable. Ainsi elle durera plus longtemps.

L'OPTIQUE

De nombreux ornithologues prétendent préférer observer les oiseaux sous la pluie plutôt que dans le vent qui peut inciter davantage les oiseaux à regagner leur perchoir de nuit. Cependant les ornithologues qui portent des lunettes ne sont pas d'accord. Même avec des couches de produits hydrofuges et antibuée, nous sommes souvent réduits à ne voir rien de plus qu'une vague brume. Comme un ornithologue qui a participé à un championnat d'ornithologie particulièrement arrosé par la pluie me l'a dit, imaginez que vous essayez d'observer les oiseaux sous un portique de lavage automatique de voiture !

Nous pouvons nous contenter de mettre nos jumelles dans une poche intérieure de notre veste, mais cela vaut la peine d'investir dans une paire de jumelles relativement étanches – tout comme lorsque vous choisissez un appareil photo si vous sortez dans la rue et circulez par temps de pluie.

LES RANDONNÉES ORNITHOLOGIQUES

Nous fîmes connaissance des ours gris, des loups, des bisons, des élans et des mouflons au cours de notre randonnée dans le Parc National de Yellowstone. Mais les histoires que l'on raconte le plus souvent dix ans après concernent les mésangeais qui nous ont rendu la vie impossible. Connus aussi sous le nom de « pillards de camp », les mésangeais tout d'abord nous tinrent constamment compagnie chaque fois que nous pique-niquions. C'étaient des hôtes bienvenus, car ils nous distrayaient en mangeant dans notre main. Mais ensuite ils se mirent à se servir eux-mêmes.

À part quelques excursions locales pour voir des nids d'aigle et repérer des itinéraires de migration au sommet d'une chaîne de montagnes, je ne me rappelle pas avoir jamais fait d'excursion ornithologique aussi extraordinaire. J'ai beaucoup excursionné en pleine nature et les oiseaux ont été un des charmes de mes voyages. Je ne peux vraiment pas penser à une seule destination où je ne saurais apprécier tout ce que la nature a à offrir, y compris le spectacle des oiseaux.

Je sais apprécier des vacances consacrées à l'observation de la faune, un voyage dont le principal objectif est de découvrir avec plaisir des animaux sauvages dans leur environnement naturel. Cependant ma femme n'en voit pas l'intérêt car, pour elle, les vacances sont faites pour se détendre. Nous acceptons que chacun ait son point de vue et nous avons la chance de prendre chaque année des vacances d'un style différent.

AVANT DE PARTIR

Il y a eu une époque où prendre des vacances pour observer la faune exigeait des recherches considérables, une planification rigoureuse et une grande capacité d'adaptation – d'autant plus qu'Internet n'existait pas.

Tout cela, c'était avant l'apparition de ce qu'on appelle maintenant l'écotourisme. L'intérêt toujours plus grand du public pour l'environnement, la pression exercée sur les gouvernements du monde entier pour qu'ils exploitent leurs ressources naturelles et la facilité croissante qu'on a de se rendre dans des régions

Des voyages écologiques dans des endroits où se trouvent des oiseaux exotiques et étranges – comme ces macareux moines que l'on trouve dans les îles au large de l'Écosse – offrent aux ornithologues un éventail de possibilités, tout en préservant des habitats précieux.

lointaines ont simplifié la préparation d'un voyage ornithologique dans un pays éloigné. Le développement rapide des voyages écologiques à prix forfaitaire a aussi réduit considérablement la planification.

En optant pour un voyage où tout est retenu à l'avance, il est utile que vous fassiez des recherches avant le départ pour en profiter pleinement. Dans les lieux touristiques comme Yellowstone, il est tout à fait possible de manquer des sites qui méritent d'être vus si vous vous fiez seulement aux renseignements fournis par une agence de voyages ou obtenus sur place. Des recherches auxquelles vous procédez auparavant sur Internet vous révéleront presque toujours des détails que vous ignoriez, et ceci est d'autant plus vrai qu'il s'agit de destinations ornithologiques dans des pays lointains.

Si vous voulez vous concentrer seulement sur les oiseaux, la planification est encore plus cruciale. Faites une liste de toutes les espèces que vous voulez voir et étudiez à l'avance leurs habitudes, leur habitat et leur comportement.

Une fois sur le site, ne vous concentrez pas exclusivement sur les objectifs et les itinéraires que vous avez prévus au point de manquer les occasions qui se présentent de façon inattendue. J'ai toujours été étonné de ce qui s'offre à mes regards quand je m'arrête simplement dans un nouvel endroit et que j'observe et attends un petit moment. Cette stratégie élémentaire réussit presque toujours, quel que soit le lieu où vous vous trouvez ou l'espèce d'oiseaux que vous cherchez.

Aller en voyage dans un endroit nouveau nous permet d'assister à des spectacles que nous n'avons jamais vus auparavant. Cela donne également une nouvelle perspective à ce que nous voyons à proximité de chez nous.

AUTORISATION

Nous abordons maintenant une question élémentaire. Quand il s'agit d'observer des oiseaux dans une propriété privée, si vous n'avez pas l'autorisation d'entrer, n'entrez pas. Rien n'est plus susceptible d'interdire définitivement l'accès de lieux privés que la violation de la propriété.

Ce qu'il y a de plus triste à voir, c'est un écriteau ACCÈS INTERDIT en lisière d'un domaine dont les propriétaires n'auraient jamais mis cet écriteau si des intrus avaient simplement demandé l'autorisation.

Il arrive souvent que des propriétés aux abords desquelles on peut voir cette sorte d'écriteau sont en fait encore accessibles à ceux qui sollicitent une autorisation. J'ai accédé à d'innombrables endroits de ce genre parce que je suis prêt à demander poliment l'autorisation, même quand il y a un de ces écriteaux. Les ornithologues font souvent beaucoup moins de dégâts sur des terrains privés que d'autres visiteurs. Cela vaut toujours la peine de demander.

SUIVRE À LA TRACE

Suivre à la trace est une pratique ancienne ; à bien des égards elle est aussi ancienne que l'humanité car les premiers chasseurs poursuivaient leur gibier à travers les prairies. Ils le perdaient parfois de vue et étaient obligés de chercher les traces de son passage pour trouver des indices. Maintenant suivre à la trace a pris une dimension quasi mystique. Grâce à sa vue perçante un spécialiste peut tirer des conclusions en examinant une branche qui a été inclinée, de l'herbe qui a été foulée ou une empreinte qui a été laissée dans la boue, alors que nous ne remarquerions rien.

La précision stupéfiante des observations que font des spécialistes à la télévision et sur le terrain caractérise le pistage de haut niveau. C'est un véritable art pour les professionnels chevronnés, c'est aussi un passe-temps passionnant pour les amateurs.

La neige est une grande égalisatrice et il n'y a pas de meilleure façon de commencer pour un amateur que d'examiner la poudreuse. Peu d'animaux sauvages peuvent dissimuler les traces de leur passage quand la neige recouvre le sol. Le faisan révèle la rapidité avec laquelle il prend la fuite. La chouette laisse les traces de ses ailes quand elle s'abat sur sa proie infortunée. Mais même quand il n'y a pas de neige, il y a encore beaucoup de choses à voir.

Sur la bonne piste

Des observations semblables à celles que font les professionnels peuvent nous aider, nous qui sommes des naturalistes amateurs, à progresser dans notre connaissance des animaux et de la nature à l'état sauvage. Une promenade dans les bois en hiver peut nous révéler une foule de détails sur la faune.

Un bon guide de terrain pour les pistes et un carnet pour noter les observations sont tout l'équipement dont on a besoin.

L'étude des pistes peut être à l'origine de toutes sortes d'activités : il peut s'agir d'une distraction agréable pendant une après-midi ou d'une tâche absorbante accomplie avec méthode et dont le but est de tirer toutes les informations possibles de chaque empreinte dans la neige ou dans la boue. Mais sachez-le : ceux qui choisissent la voie du naturaliste-traqueur entrent dans un monde rempli à la fois d'informations détaillées et de confusion époustouflante, mais aussi un monde très prometteur. Commencez lentement, vraiment lentement. Marchez sans hâte en vous arrêtant pour examiner chaque indice. Ne vous souciez pas d'avoir les genoux mouillés ; baissez-vous pour être près de la piste afin de concentrer votre attention sur le moindre de ses sillons, de ses anfractuosités, de ses interstices.

Il vaut mieux suivre la piste pendant un petit bout de chemin que procéder rapidement à une identification et passer à la prochaine empreinte. C'est grâce à leurs pistes que vous connaîtrez les habitudes, les comportements, les repaires et les refuges des animaux.

Écoutez ce que disent Murie Olaus J. et Mark Elbroch dans leur livre particulièrement utile *Animal Tracks* : « Décrypter les traces n'est pas facile. Tout comme un détective, en gardant à l'esprit certains principes, trouve chaque situation quelque peu différente, le traqueur doit être prêt à faire preuve de finesse pour interpréter ce qu'il voit. Une trace dans la boue peut sembler différente d'une trace dans la poussière ou dans la neige, même si c'est le même animal qui l'a faite. Une trace dans la neige est différente lorsqu'un soleil chaud a brillé sur elle – car il l'a agrandie et déformée. »

En raison de ces différences, suivre un animal à la trace est un passe-temps qui est une véritable gageure, mais cette gageure apporte une grande satisfaction quand vous vous rendez compte que vous avez fini par réussir.

Les oiseaux qui passent un temps considérable sur le sol laissent de nombreuses preuves de leur passage et révèlent ainsi toutes sortes de choses sur leur vie.

L'ÉQUIPEMENT DE L'ORNITHOLOGUE

Pour certaines activités il faut de plus en plus d'accessoires et de matériel divers. Par exemple pour la pêche et la photo, le volume des sacs semble augmenter chaque année. Ce n'est pas le cas pour l'ornithologie.

Bien sûr vous pouvez vous charger d'un important matériel, si vous le souhaitez. Les accessoires – lecteurs de CD sur lesquels sont enregistrés des chants d'oiseaux, appareils photo, vêtements imperméables légers, etc. – sont d'autant plus utiles que la technologie progresse. J'en parle à plusieurs reprises dans mon livre.

Cependant, quand vous réfléchissez un instant, de quoi avez-vous vraiment besoin à part un guide de terrain, une paire de jumelles et un carnet ? Et en avez-vous vraiment besoin ? Cela ne veut pas dire qu'il faille exclure la technologie de l'ornithologie. Elle a certainement sa place dans notre activité mais parfois elle peut nous empêcher de nous concentrer sur ce qui nous intéresse vraiment. Pour changer, pourquoi ne pas laisser votre matériel chez vous ? Pourquoi ne pas simplement sortir et regarder les oiseaux ?

DES LIEUX MAGIQUES POUR OBSERVER LES OISEAUX

Vous voulez savoir où l'on peut le mieux observer les oiseaux ? Regardez par la fenêtre la plus proche. Honnêtement, presque n'importe quel lieu à l'extérieur est un endroit merveilleux pour observer les oiseaux. Certains endroits sont meilleurs que d'autres, certains promettent un bien plus grand nombre d'oiseaux ou une plus grande variété d'espèces, alors que d'autres vous donnent la chance de voir un oiseau rare ou inhabituel.

Un grand héron bleu fait souvent partie du décor dans mon lieu favori pour l'observation des oiseaux.

Mon endroit privilégié pour observer les oiseaux est actuellement la route qui mène à la cité où j'habite. Une crécerelle d'Amérique que j'ai amenée un jour à un vétérinaire spécialiste de la réadaptation de la faune, après qu'elle eut été blessée au cours d'un violent orage, est revenue et y a établi son territoire. Presque tous les deux jours je m'arrête sur le bas-côté de la route pour l'observer : elle inspecte la prairie humide au bord de la route et parfois se précipite sur une malheureuse sauterelle. Je suis là pour ce minuscule faucon, mais j'ai assez de chance pour voir aussi un grand héron bleu pêcher dans le petit ruisseau qui serpente à travers la prairie, alors que des carouges à épaulettes font presque toujours partie du décor.

Que chercher

Ce qui rend un lieu magique pour l'observation des oiseaux dépend en fait de l'espèce que vous cherchez. Mes goûts personnels me mènent vers des petites zones humides et des étangs aussi éloignés que possible des routes. Dans de tels lieux se trouve généralement une faune abondante et diverse.

Cependant, je n'ai jamais fait d'effort pour trouver l'endroit depuis lequel j'observe cette crécerelle. Je l'ai simplement vue par hasard, quand elle était gravement blessée (voir pp. 110-111). Il est indispensable de garder les yeux ouverts, car même l'ornithologue le plus averti ne peut jamais exclure l'intervention de la chance.

L'ART DE RESTER IMMOBILE

La patience est certainement une vertu très utile à tous les ornithologues, mais quand elle est associée à la capacité de rester parfaitement immobile, il s'agit d'une sorte de bénédiction – du moins c'est ce que pense la communauté des ornithologues. Peu importe avec quel soin vous vous êtes camouflé, vous pouvez être sûr qu'un mouvement imprudent fera s'envoler votre proie, comme si on tirait un coup de fusil.

Certains naturalistes ont suggéré que toute personne incapable de rester une heure sans bouger devrait chercher un nouveau passe-temps en dehors de l'ornithologie. Cette opinion est un peu restrictive à mon avis.

À l'époque d'Internet et de la messagerie instantanée, le pouvoir de concentration faiblit et a besoin d'être restauré petit à petit – du moins si vous souhaitez être un ornithologue acceptable. La reconquête de la lenteur récompensera sans aucun doute l'ornithologue patient, mais c'est une question d'expérience plutôt que de pédagogie.

L'immobilité

La capacité de rester immobile n'est pas vraiment innée. Elle doit être acquise par la pratique (des moyens d'y parvenir sont décrits p. 10.) Peut-être la chose la plus importante est-elle une prise de conscience, car de nombreux mouvements résultent de simples habitudes. Grâce à des efforts continus et conscients, vous pouvez rompre avec ces habitudes et, ce faisant, devenir un meilleur ornithologue.

Cela dit, le confort est aussi un facteur extrêmement important pour vous empêcher de bouger inutilement. Des vêtements appropriés qui vous maintiennent au sec, au chaud et à l'aise sont une aide précieuse. Il en est de même si vous prenez une bonne position dès le départ, afin de ne pas avoir à lutter contre des crampes quand vous braquez vos jumelles sur le curieux spécimen qui vient juste de s'envoler. Si vous emportez un petit pliant, cela peut faire toute la différence.

Enfin prenons le cas où vous devez absolument bouger, car il faut que vous vous grattiez là où cela vous démange, n'est-ce pas ? Alors procédez lentement, sans à-coups.

Combien de temps pouvez-vous rester sans bouger ? Mettez-vous à l'épreuve un jour. Vous pourrez bien être stupéfait du peu de patience dont vous êtes capable.

L'OBSERVATION DES OISEAUX LA NUIT

Allongé dans la boue et dans l'eau peu profonde mais glacée de la mare printanière, après avoir déboulé une pente en roulant par-dessus un rondin, avec ma lampe de poche électrique qui était hors de portée et qui s'enfonçait rapidement dans la vase, j'avais commencé à me demander si ma petite expédition n'était pas un coup de folie.

J'entendis un grognement quelque part sur ma gauche. L'ami que j'avais persuadé de faire cette petite sortie nocturne n'avait rien d'autre à ajouter. La grenouille qui coassait à l'autre extrémité de la mare ne me réconfortait guère, moi dont le corps était contusionné et ensanglanté, et dont l'ego était également meurtri. Alors le grand duc dont nous nous étions rapprochés prit la fuite en poussant un autre hululement sourd et tout redevint normal.

C'est ainsi que cela se passe quand on observe les oiseaux la nuit. Le moindre faux pas peut être la cause de terribles souffrances et peut vous faire douter de votre raison. Par contre le cri d'un seul oiseau peut vous récompenser de toute vos peines.

LES VOLS NOCTURNES

La nuit est remplie de chants et de cris poussés par une multitude d'oiseaux – celui du hibou est particulièrement obsédant. C'est le cas pendant les périodes de migration du printemps et de l'automne, quand de nombreux oiseaux chanteurs volent la nuit pour éviter les innombrables prédateurs diurnes. Bien que dangereuses – comme je l'ai appris à mes dépens – les zones humides et les mares peuvent être particulièrement intéressantes quand le gibier d'eau se met à chanter en chœur sans interruption.

La migration nocturne se fait à une telle échelle que cela peut causer des dégâts dans les champs d'éoliennes car les collisions des oiseaux avec les turbines semblent se produire après la tombée de la nuit.

Il est étonnant de constater tout ce qui s'offre à l'ornithologue prêt à veiller tard. Il peut même sommeiller assis sur un pliant, une tasse de café à la main, jusqu'à ce que le cri obsédant d'un hibou le fasse sursauter.

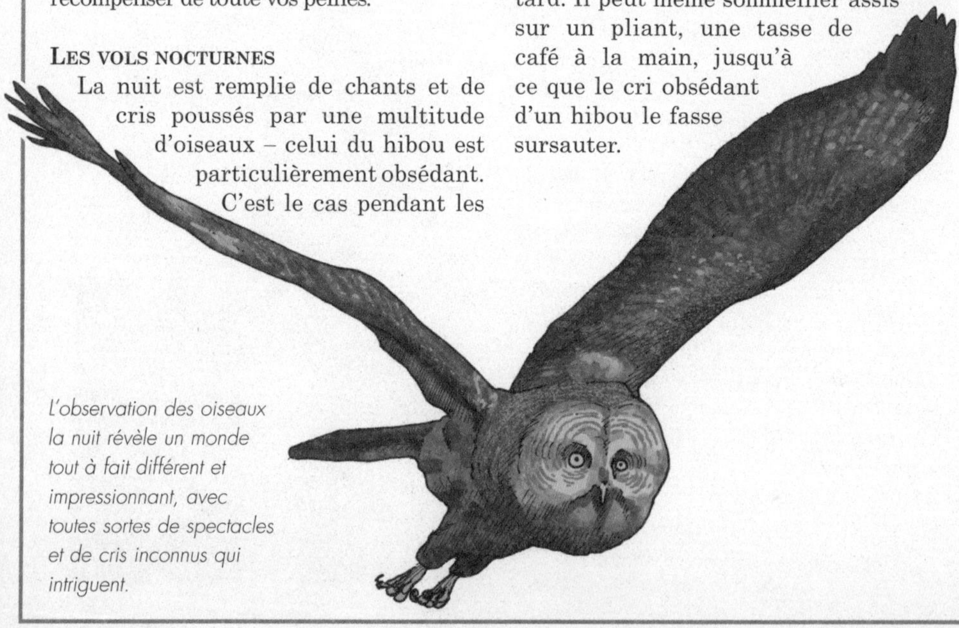

L'observation des oiseaux la nuit révèle un monde tout à fait différent et impressionnant, avec toutes sortes de spectacles et de cris inconnus qui intriguent.

L'ÉVALUATION D'UN NOUVEAU SITE

Mon État d'origine, la Pennsylvanie, offre un nombre incroyable de parcs magnifiques. Les longs tapis de pelouses entretenues avec le plus grand soin entre les rangées sculpturales d'arbres énormes en pleine force de l'âge sont des endroits merveilleux pour se promener, pique-niquer et jouer. Mais après qu'on a essayé d'y faire quelque découverte, ces endroits apparaissent dépourvus d'intérêt pour l'ornithologue. Partout domine la monoculture où toute vie, y compris celle des oiseaux, est d'une uniformité sans égale.

Chose incroyable, je trouve que le bas-côté des routes qui mènent à ces parcs est généralement plus intéressant. Les touffes de mauvaises herbes dans les fossés, les anciens champs cultivés revenus à l'état de friches, les jardins des particuliers avec leurs différentes plantations sont beaucoup plus variés et donc plus dignes d'intérêt.

À LA RECHERCHE DE LA DIVERSITÉ

Quand on arrive dans un site ornithologique nouveau, ce qu'il faut commencer par faire, c'est ne rien faire. Arrêtez-vous et regardez autour de vous. Quel que soit l'endroit où il est situé, chaque site offre des postes d'observation qui sont favorables et d'autres qui sont médiocres. À moins que vous ne soyez à la recherche d'un oiseau particulier dont le comportement est lié à un endroit spécifique, le site où l'habitat est le plus varié offrira généralement une bien plus grande diversité d'oiseaux au visiteur qui vient pour la première fois.

Rappelez-vous que la zone où un certain type d'habitat rejoint un autre type d'habitat est presque toujours plus riche que l'un ou l'autre des deux habitats pris séparément. L'eau également attire les oiseaux tout comme le fait une abondance de nourriture occasionnelle, par exemple une profusion de fruits ou de noix sur les arbres.

ÉVITER LES ZONES HABITÉES

À part le fait que la présence humaine chasse de nombreux oiseaux, l'urbanisation d'un secteur diminue souvent le nombre des espèces. De même les zones où se trouvent des habitations offrent en général les mêmes habitats en nombre limité et donc les mêmes espèces d'oiseaux que toutes les zones urbaines.

Il faut retenir une chose : il convient de raisonner comme le fait un oiseau. Les facteurs que vous devez chercher dans un habitat sont les mêmes que ceux que cherchera l'oiseau : un environnement où il est possible de trouver de la nourriture, de l'eau, un abri et la sécurité. Tout cela avec le moindre effort.

La connaissance des éléments qui ont rendu un site exceptionnel pour l'observation des oiseaux vous aidera à identifier de nouveaux endroits très prometteurs.

L'OBSERVATION DES OISEAUX ET LE CAMPING

De nombreux ornithologues font simplement de beaux voyages durant lesquels ils campent en pleine nature, là où ils découvrent toutes sortes de nouvelles espèces d'oiseaux. Moi, je ne suis pas de leur nombre. Alors que je n'ai jamais été invité à monter ma tente dans une région où règne la sécheresse, je semble avoir le don d'attirer la pluie – des trombes d'eau pendant des heures et des heures – chaque fois que j'enfonce un piquet de tente. Si vous cherchez du gibier d'eau et si vous campez, je pourrais être un pote sympathique. Sinon, remettez votre sortie à un autre week-end.

Lors d'une des rares occasions où je ne campais pas sous un déluge de pluie, un couple de grands ducs nous honora chaque soir d'une sérénade.

En une autre de ces occasions bien trop rares où ma tente resta sèche plusieurs jours d'affilée, un corbeau s'était découvert une passion pour tout ce qui brille. Il l'assouvissait en faisant régulièrement des razzias sur le terrain de camping quand il n'y avait personne, et en s'enfuyant avec toutes sortes d'objets depuis des capsules de bouteille et des clous jusqu'aux lunettes de soleil d'une malheureuse campeuse. De la nourriture laissée à l'abandon sur les tables de pique-nique attirait toutes sortes d'autres pillards, mais pas ce corbeau qui avait de plus grandes ambitions.

Je n'ai peut-être pas la chance d'avoir de nombreuses journées ni de nuits sans pluie, mais cela fait des décennies que je campe. Depuis j'ai eu le temps d'établir une liste assez complète de ce que je considère comme le matériel de camping essentiel.

- Un tapis de sol épais en plastique de dimensions appropriées et placé par terre sous la tente améliore le confort intérieur de façon appréciable.
- Un matelas pneumatique épais placé sur un molleton isole à merveille en fournissant une protection supplémentaire contre l'humidité qui peut s'infiltrer dans la tente.
- Une trousse de réparation pour la tente et un tube pour imperméabiliser les coutures de la tente.
- Une bâche ou une enceinte de toile avec un toit que l'on tend au-dessus de la table de pique-nique.
- Une bâche de réserve.
- Des œillets de remplacement.
- Des sacs de couchage confortables, des oreillers avec leur taie.
- Des chaises de jardin ou des chaises pliantes bien rembourrées et confortables !
- Une table pliante, même si le camp fournit des tables de pique-nique.
- Des grandes boîtes de rangement en plastique avec des couvercles hermétiques, pour conserver les aliments et le matériel dont vous ne vous servez pas.
- De la corde, de la ficelle et du fil dont vous aurez sûrement besoin.
- Une trousse de premiers secours, de quoi traiter les ampoules et les piqûres ou morsures d'insectes et une pince à épiler.
- Une petite pelle.
- Des serviettes et des mouchoirs en papier, du papier-toilette, des lingettes, du papier d'aluminium et des sacs poubelles résistants.
- Une hachette et une scie.
- Un sac à dos.
- Un ouvre-boîtes et un ouvre-bouteilles.

- Du matériel de cuisine : des couteaux bien aiguisés, une écumoire, une fourchette pour servir, une louche, une passoire, des casseroles et une cafetière ou une bouilloire à thé.
- Une planche à découper.
- Des assiettes, des bols, des verres, des tasses, des couteaux, des fourchettes et des cuillères pour manger.
- Une nappe.
- Un réchaud de camping avec au moins deux brûleurs.
- Du combustible en réserve pour le réchaud.
- Une lanterne, qui utilise de préférence le même combustible que le réchaud.
- Un gril pour cuisiner directement sur le feu.
- Une bassine à vaisselle, un égouttoir, du détergent, des lavettes, des tampons à récurer et des torchons.
- Des récipients pour conserver les aliments.
- Un tournevis ordinaire, un tournevis cruciforme et des tenailles.
- Une bonne longueur de fil de fer.
- Du ruban adhésif.
- Une trousse de couture et des épingles de nourrice de différentes tailles.
- Une petite radio à piles ou à manivelle.
- Des piles de réserve.
- De quoi lire, car il pleuvra.
- Des jeux de cartes ou des jeux de société, car il continuera de pleuvoir.
- Un bloc de papier, un carnet, des stylos-billes et des crayons.

Cela peut paraître excessif, mais je n'ai pas de regrets. Pour moi, le confort compte – même en camping.

Des allume-feux faits maison

Ramassez des pommes de pin qui sont tombées des arbres. Gardez-les dans un endroit chaud, sec, aéré jusqu'à ce qu'elles soient parfaitement sèches. Attachez un bout de ficelle à la partie pointue de chaque pomme. Faites fondre de la cire et plongez-y les pommes de pin. Laissez la cire commencer à sécher. Entourez la pomme de pin de bourre de sèche-linge et trempez-la de nouveau dans la cire fondue. Puis étalez les pommes de pin sur du papier sulfurisé ou sur une feuille de papier d'aluminium et laissez sécher. Conservez dans un sac en plastique.

Le camping et l'observation des oiseaux peuvent être des activités tout à fait complémentaires. Chacune met l'autre en valeur.

PRENDRE SOIN DE SES JUMELLES

Il y a presque toujours une paire de jumelles quelque part dans ma voiture. Peut-être au milieu des différentes cartes, des guides de terrain et des carnets jetés sur le siège arrière. Parfois accrochées au rétroviseur. Mais où ai-je bien pu les laisser ?

Ainsi vous avez une idée du soin que je prends, ou plutôt que je ne prends pas, de mes jumelles. Ce qui me préoccupe, c'est d'avoir toujours une paire de jumelles avec moi. Plutôt que d'investir dans une paire de luxe dont je devrais prendre un soin extrême, je préfère avoir des jumelles ordinaires qui m'accompagnent presque partout où je vais – dans ma voiture, sur le rebord d'une des fenêtres de ma maison, dans un de mes deux bureaux, dans la cabane de jardin, dans le sac de mon appareil photo. En fait, là où je me trouve.

Je vous recommande d'avoir vos jumelles toujours à portée de main ; mais je ne recommanderais pas le manque de soin que j'ai pour elles. Ce qui est drôle, c'est qu'un grand nombre d'entre nous épluchons les catalogues et les sites Web à la recherche de la paire de jumelles parfaite, puis nous dépensons une petite fortune pour les acheter et, en fin de compte, nous les traitons comme si elles ne valaient rien. L'idéal, c'est de prendre grand soin de vos jumelles dès qu'elles sont sorties de leur boîte. Les capuchons qui les protègent de la pluie et qui sont vendus avec les jumelles ne doivent jamais en être séparés. Ils sont la première ligne de défense contre la poussière, l'humidité et les rayures. On fournit un étui avec les jumelles pour la même raison.

LE NETTOYAGE DES JUMELLES

Les jumelles prennent sans arrêt la poussière et des petites peluches, mais elles n'ont pas toutes besoin d'être nettoyées aussitôt. Chaque nettoyage des lentilles est une nouvelle occasion de les rayer, et tous les grains de poussière ne vont pas nuire à la qualité de l'optique. Nettoyez l'objectif seulement lorsque c'est absolument nécessaire. Chassez autant de saletés que possible avec une poire soufflante à pinceau, puis brossez-le légèrement avec un pinceau à lentilles. Si cela suffit pour enlever la poussière, ne faites rien d'autre. Si c'est insuffisant, utilisez un tissu humecté avec une solution spéciale pour nettoyer les lentilles. N'utilisez pas un produit qui sert à nettoyer les verres des lunettes, il peut endommager les lentilles.

Trop nettoyer peut être aussi néfaste que ne pas nettoyer suffisamment pour garder l'optique en bon état, car vous pouvez la rayer. Une simple poire soufflante devrait suffire en général.

VIVRE AVEC LES ÉCUREUILS

La plupart des ornithologues qui observent les oiseaux dans leur jardin semblent avoir une relation d'amour et de haine avec les écureuils. Vous pouvez avoir un accès de rage qui fait monter votre tension artérielle quand un écureuil agrandit les trous d'une mangeoire coûteuse pour voler les graines qui sont à l'intérieur ou bien sourire avec bonne humeur en voyant cette petite canaille à queue touffue faire des acrobaties.

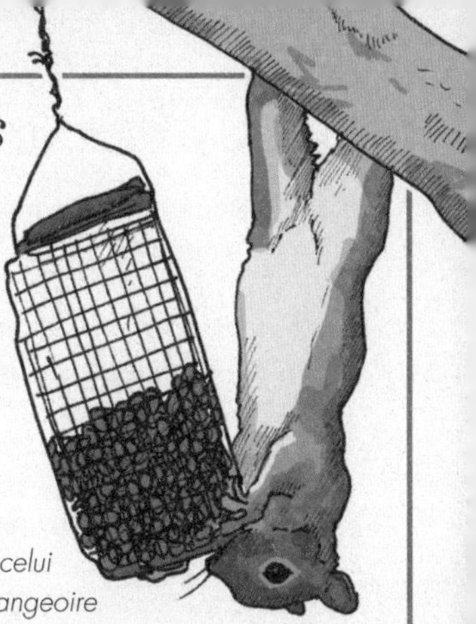

La renommée et la richesse attendent celui qui inventera la mangeoire pour oiseaux capable de faire vraiment obstacle aux incursions des écureuils en maraude.

Bien sûr il y a ceux qui détestent vraiment les écureuils, mais il y en a beaucoup d'autres qui ne pourraient jamais imaginer un jardin sans eux.

Chaque automne j'achète un grande quantité d'épis de maïs à un fermier du coin pour en faire de gros tas en divers endroits de mon jardin et cela, simplement pour les écureuils. Ainsi la population des écureuils que j'ai plaisir à regarder se maintient et ils restent à l'écart de mes mangeoires pour oiseaux, du moins la plus grande partie du temps.

DES MANGEOIRES À L'ÉPREUVE DES ÉCUREUILS ?

Ne pensez pas que je sois incapable de comprendre la frustration qu'éprouvent de nombreux ornithologues. Aucune mangeoire à l'épreuve des écureuils n'a pu résister indéfiniment, si elle est accrochée dans un endroit où vivent des écureuils. Tôt ou tard, l'un d'entre eux déjouera le système de protection, ne fût-ce que temporairement.

Cependant des ornithologues bien décidés à agir peuvent consacrer beaucoup d'argent, de temps et d'énergie à combattre les écureuils. On pourra entourer les poteaux sur lesquels sont fixées les mangeoires d'un bandeau de protection contre les prédateurs ou mettre les mangeoires hors de portée des écureuils qui grimpent dans les arbres voisins. On pourrait aussi accrocher les mangeoires à une corde à linge sur laquelle on a enfilé des tubes en PVC qui virevolteront quand un écureuil essaiera de se déplacer le long de la corde. Autre solution : des cordes de piano ou des lignes de pêche de gros calibre pour suspendre les mangeoires. Limiter la quantité de nourriture que l'on met dans les mangeoires pourra aussi permettre aux oiseaux de manger presque toutes les graines et d'en laisser très peu aux écureuils. Des cages en fil de fer qui résistent aux rongeurs seraient également susceptibles de les retarder pour un temps.

On a vivement recommandé un mélange de poivre de Cayenne et de graines. À ce qu'on dit, le poivre ne dérange pas les oiseaux , mais fait piquer des crises aux écureuils. Voilà qui me paraît un peu mesquin. Capturer les écureuils vivants et les relâcher « ailleurs » est une autre possibilité. Cependant où allez-vous les relâcher ? Connaissez-vous quelqu'un qui veuille accueillir d'autres écureuils dans sa propriété ? Si vous n'êtes pas professionnel, êtes-vous autorisé par la loi à transporter les écureuils hors de leur territoire ? Et comment être certain qu'ils ne retrouveront pas le chemin de votre mangeoire ?

LES PREMIERS OISEAUX QUI M'ONT SÉDUIT

Si je fouille dans ma mémoire, je me souviens d'un moqueur dans le jardin de mes parents, quand j'avais six ou sept ans. Le jardin petit et étroit était entouré d'épaisses haies d'épine-vinette. Le moqueur adorait ces haies. Chaque année il attirait une compagne, construisait un nid parmi les épines et élevait ses petits. Même en dehors de la saison des amours, le moqueur défendait farouchement ce jardin contre tous les intrus – oiseaux chanteurs, chats et même chiens – comme s'il lui appartenait.

Durant ces premières années de ma vie, ma mère était la seule personne dans ma famille qui observait les oiseaux. Elle me faisait partager la joie de voir des vols de gros-becs qui, le soir en hiver, se nourrissaient à nos mangeoires. Les gros-becs, qui sont des oiseaux du nord et qui migrent en direction du sud pendant les périodes de vaches maigres, semblaient faire ce trajet plus régulièrement à cette époque. Ma mère aimait aussi beaucoup apercevoir des petits oiseaux jaune vif, des chardonnerets mâles d'Amérique.

Un autre oiseau dont je me souviens au cours de mon initiation à l'ornithologie était le passerin indigo. Quand le premier que j'aie jamais vu s'arrêta un après-midi de printemps au cours de sa migration vers le nord pour prendre quelques graines dans une mangeoire sur le balcon du dortoir de mon université, je ne crus pas qu'un oiseau sauvage pût être d'un bleu si intense. L'image de ce minuscule oiseau est restée gravée dans ma mémoire.

UNE PROCHE RENCONTRE

Plutôt qu'une espèce d'oiseau, c'est un oiseau particulier qui est mon favori. Il s'agit d'une crécerelle mâle d'Amérique qui loge dans les prairies humides le long de la route en direction de la cité où j'habite. Aussi étrange que cela paraisse, c'est mon oiseau favori parce que nous avons établi une relation personnelle.

Il y a un an, après qu'un violent orage eut balayé la région, mon fils et moi avons aperçu le minuscule oiseau couché par terre, apparemment mort. Comme nous le faisons toujours en pareilles circonstances, nous sommes allés voir de plus près et nous avons découvert que le petit faucon était encore en vie.

Cependant nous ne voulions pas toucher au prédateur sans avoir l'équipement approprié. C'était la première fois que nous voyions de si près un oiseau de proie sans quelqu'un pour nous conseiller. Bien qu'ils fussent minuscules, le bec et les serres de l'oiseau semblaient particulièrement dangereux.

Nous nous dépêchâmes d'aller chez nous chercher ce dont nous avions besoin : deux paires de gants de cuir, des vestes épaisses à manches longues, deux paires de lunettes avec des verres de sécurité et une cage pour hamster en métal avec des serviettes à l'intérieur. Nous retournâmes en toute hâte près de l'oiseau, prêts à parer à toute attaque éventuelle lorsque nous essaierions de l'aider.

La crécerelle remua seulement la tête quand mes mains gantées entourèrent son corps étonnamment petit et fragile. En riant, j'ôtais mes gants afin de pouvoir manier le petit être avec plus de précaution.

Nous enveloppâmes le prédateur que nous avions craint dans une serviette

Le soir, l'arrivée de gros-becs en route vers le sud, était un événement important pour ma mère qui observait les oiseaux depuis la fenêtre de sa cuisine.

et nous nous précipitâmes chez le vétérinaire le plus proche, spécialiste de la réintégration des animaux dans leur milieu naturel. Après avoir attendu quelques minutes dans l'angoisse, l'examen révéla que l'oiseau n'avait pas de blessure grave ; il avait peut-être subi une commotion ou quelque chose de ce genre pendant l'orage. Quelques semaines plus tard, le vétérinaire nous appela pour que nous venions chercher l'oiseau et le relâchions là où nous l'avions trouvé. Je me servis de mes gants de cuir pour le prendre et, cette fois, il essaya méchamment de me happer les doigts, comme pour prouver qu'il avait retrouvé sa vigueur.

J'arrête ma voiture tous les deux ou trois jours le long de cette route et j'admire la crécerelle, en sachant que j'ai contribué, dans une certaine mesure, à ce qu'elle soit encore présente là, et défende son territoire.

Cela pourrait paraître un peu sentimental, mais vivre cette expérience avec un oiseau, en pensant que vous risquez d'être blessé, pour aider une créature qui, en d'autres circonstances, serait dangereuse, incite à penser qu'un lien s'est formé entre vous et elle.

VACANCES ORNITHOLOGIQUES

Près de 10 000 espèces d'oiseaux vivent sur notre planète, ce qui justifie amplement le désir qu'a tout ornithologue sérieux de se rendre aux quatre coins du globe. Si vous avez la chance de pouvoir prendre un congé annuel ou si vous avez économisé suffisamment pour accomplir le voyage de vos rêves, il est difficile de ne pas vous réjouir à l'avance à la pensée de visiter les sites prestigieux qu'il faut absolument voir pour observer les oiseaux.

Quelle que soit votre destination – l'Afrique du Sud avec ses mille espèces d'oiseaux différentes ; la forêt pluviale du Pantanal et de l'Amazonie avec certains des oiseaux les plus rares du monde ; la côte nord sauvage du Costa Rica ; les jungles de Bélize ; la petite île de Tobago dans la mer des Caraïbes avec plus de 400 espèces d'oiseaux ; l'Antarctique avec son étonnante population de pingouins – planifier votre voyage à l'avance de façon plus méthodique que les agences de voyages, voilà le secret de vacances réussies et agréables.

Tandis que chaque jardin est fréquenté par tout au plus cinq ou six espèces d'oiseaux, la Terre en compte plus de 10 000. Pour les connaître, il faut un tant soit peu voyager, cela va sans dire.

VOYAGER SEUL

Des vacances ornithologiques que l'on organise soi-même et où l'on est son propre guide ne sont pas seulement possibles, pour de nombreuses personnes, elles sont l'idéal. Ces vacanciers sont si enthousiastes que des livres entiers ont été écrits pour les aider à réussir ce genre de voyage. Il leur suffit de consulter Internet ou d'aller dans leur librairie locale.

Cependant, alors que la page imprimée a certainement son utilité, elle est loin d'égaler Internet en ce qui concerne les données les plus récentes. C'est une source merveilleuse d'informations pour planifier des vacances ornithologiques, mais en raison de la nature éphémère de la Toile, cela vaut la peine de comparer les informations que vous y trouvez avec d'autres sources – même simplement un autre site Web. Vous éviterez ainsi d'être victime d'informations inexactes ou même de simples canulars – après tout vous ne voudriez pas que vos vacances soient consacrées à la chasse à la bécassine, n'est-ce pas ?

Cela dit, on peut en général faire confiance aux sites officiels des associations pour la défense des oiseaux ou aux organismes gouvernementaux pour avoir des informations exactes. Des groupes régionaux ont souvent leurs propres sites. Vous y trouverez une foule d'informations utiles et vous aurez l'occasion de rencontrer des personnes du pays qui partagent votre intérêt et même d'aller faire des sorties ornithologiques avec elles.

Enfin cela vaut la peine d'acheter avant de partir ce dont vous pouvez avoir besoin, par exemple des guides de terrain car il n'est pas certain que vous en trouverez sur place.

L'APPEL DE LA NATURE

Peu de choses sont plus agaçantes quand vous êtes en pleine nature que la sonnerie stridente d'un portable qui n'est pas le vôtre. Peu de choses sont plus réconfortantes que les indications de puissance du signal de votre propre téléphone quand vous êtes en retard, perdu ou pris dans un embouteillage. Il est étonnant de constater comme la manière dont nous considérons notre propre portable et celui de quelqu'un d'autre est différente.

Bien sûr, couper simplement la sonnerie ou éteindre le téléphone jusqu'à ce que vous en ayez besoin est la solution la plus simple. Elle vous évitera le désagrément que vous cause votre détestable sonnerie en faisant s'envoler des centaines d'oiseaux. Cependant on invente toujours de nouvelles utilisations pour les téléphones, en particulier dans le monde de l'ornithologie. Des services payants peuvent vous communiquer des informations sur les derniers oiseaux qui ont été vus et, dans certains cas, des ornithologues ont afflué par centaines, même par milliers, sur le site, juste quelques heures après avoir été avertis de la présence de l'oiseau.

Les téléphones sont devenus si envahissants que le *World Series of Birding*, qui paraît chaque année dans le New Jersey, interdit désormais que l'on s'en serve pour autre chose que pour s'informer sur la météo et la circulation. Il est strictement interdit de contacter les hotlines ornithologiques locales.

L'ENREGISTREMENT DES CHANTS D'OISEAUX

Bien que l'ornithologie soit un passe-temps qui a plutôt une bonne réputation, sur certains points elle fait l'objet de controverses passionnées. Savoir si l'on doit ou non utiliser des enregistrements de cris d'oiseaux pour les attirer est un sujet qui est à l'origine de discussions enflammées, alors qu'on a commencé à effectuer des enregistrements à la fin du dix-neuvième siècle.

Ludwig Koch passe souvent pour avoir été le premier à avoir enregistré un chant d'oiseau, en 1889, alors qu'il avait juste huit ans. Il s'intéressait au shama indien, membre de la famille de la grive. Le travail qu'il fit ultérieurement avec E.M. Nicholson, président de la « Société pour la Protection de la Nature » aboutit à la publication du livre *Songs of Wild Birds* (*Chants des oiseaux sauvages*) et à la création d'un fonds d'enregistrements qui, par la suite, fut à l'origine de la bibliothèque d'histoire naturelle de la BBC.

À la fin des années 1920, le Laboratoire d'Ornithologie de l'Université Cornell se mit à faire des enregistrements. Bien que cette technologie, qui apparut si tôt, fût limitée et que la qualité des enregistrements fût plutôt médiocre, elle suscita un vif intérêt. De nombreuses innovations technologiques ultérieures aboutirent à la création de la Bibliothèque Macaulay à l'université Cornell. De nos jours cette bibliothèque réunit la plus grande collection d'enregistrements de chants d'oiseaux, (170 000 enregistrements, soit 75 % des chants d'espèces d'oiseaux qui existent).

Plus de cent ans plus tard, grâce à un équipement relativement compact et bon marché, il est plus facile de faire soi-même des enregistrements. Essayez donc à votre tour.

À vrai dire, ce n'est pas aussi facile qu'on pourrait le croire, mais il existe des techniques passionnantes pour enregistrer les nombreux cris et chants d'oiseaux.

Les chants par opposition aux cris

Les chants produits par les mâles au cours de la parade nuptiale sont en général plus mélodieux et plus complexes. Les cris sont en général moins musicaux et plus simples. Ils servent aux oiseaux à communiquer entre eux. Ils servent aussi à assurer la défense d'un territoire, à donner l'alerte pour se rassembler en toute urgence, à signaler une menace, la découverte de nourriture, etc. Les cris plus que les chants concernent la situation de l'oiseau à un moment donné.

LA PRATIQUE DU « PISHING »

Le « pishing » est l'imitation d'un cri spécifique d'oiseau pour attirer d'autres oiseaux. Il ressemble un peu à la répétition de la syllabe « pish-pish-pish ». De nombreux ornithologues amateurs, tout comme des chercheurs, s'en servent couramment pour attirer toutes sortes d'espèces d'oiseaux.

Les raisons de l'efficacité du « pishing » sont très discutées. De nombreux ornithologues croient qu'il imite le cri d'alarme ou de ralliement que poussent des espèces communes telles que les mésanges, cri auquel une grande variété d'oiseaux de proie répondent. D'après une analyse acoustique, le « pishing » se situe dans la gamme de fréquence des sons de la nature. Il est souvent inefficace dans les parties du monde où il n'y a pas de mésanges.

Selon une autre théorie, le « pishing » imite le son émis par des oiseaux qui invitent leurs congénères à se grouper pour chercher de la nourriture, là où la sécurité de tous sera d'autant plus grande qu'il y aura plus d'yeux qui surveillent le ciel par crainte de prédateurs.

FAUT-IL UTILISER OU NON LE « PISHING » ?
Voilà quelques remarques qui montrent pourquoi le « pishing » est efficace, mais c'est un autre problème de savoir si nous devons « pisher » ou pas. De même qu'ils désapprouvent l'utilisation des enregistrements de chants pour attirer les oiseaux, certains ornithologues désapprouvent aussi la simple pratique du « pishing ». Ils prétendent que cela modifie et perturbe le rythme de la vie des oiseaux et leur comportement. Cependant, dans l'ensemble, le « pishing » est moins contesté que la diffusion des enregistrements de chants d'oiseaux, mais mieux vaut commencer par réfléchir avant de le pratiquer.

Il suffit que vos lèvres « pishent », c'est-à-dire émettent le « pish-pish-pish » pour que toutes sortes d'espèces d'oiseaux se manifestent.

LA PHYSIQUE DU VOL

Les oiseaux n'ont pas été les premières créatures à voler. Les insectes volaient déjà depuis longtemps, lorsque les dinosaures et les ptérodactyles ailés apparurent, en même temps que les premiers oiseaux. Cependant, les oiseaux ont poussé leur capacité de vol à un degré de perfection que n'a atteint aucun autre groupe d'êtres vivants. Il est également utile de signaler qu'ils volent mieux que n'importe quelle machine construite par l'homme.

Les créatures volantes ont changé au cours des âges, mais les lois de la physique sont restées les mêmes. Tout comme les premières créatures volantes, les oiseaux d'aujourd'hui doivent équilibrer différentes forces pour s'élever dans les airs et voler.

LES FORCES EN JEU

Afin de s'élever au-dessus du sol un oiseau doit exercer une poussée suffisante avec ses ailes pour surmonter son propre poids. Puis, une fois que l'air le porte, le flux d'air sur ses ailes fournit la force ascensionnelle. La « traînée », qui est simplement le terme technique donné à la résistance de l'air, s'exerce dans le sens contraire.

Si vous regardez attentivement l'aile d'un oiseau, vous remarquerez qu'elle n'est pas du tout plate. Elle est en fait un plan de sustentation naturel et possède une partie supérieure plus grande que sa partie inférieure. Cela signifie que l'air qui passe sur la partie supérieure de l'aile se déplace plus rapidement que celui qui passe en dessous, créant ainsi une différence de pression qui produit l'effet de poussée vers le haut.

EN VOL

Une autre force, c'est la « portance ». Il s'agit du rapport entre la masse du corps et la surface de l'aile. Cela explique pourquoi des oiseaux comme les hirondelles et les martinets peuvent être soutenus par l'air bien plus longtemps que des oiseaux au corps pesant tels que les faisans.

Ces exigences expliquent la prodigieuse variété de formes d'ailes que l'on trouve dans le monde de la nature : les faisans ont des ailes courtes qui conviennent pour un envol extrêmement rapide mais un vol lent ; les ailes des échassiers sont pointues avec des angles plus aigus à leur extrémité arrière, qui ne conviennent pas pour des envols rapides

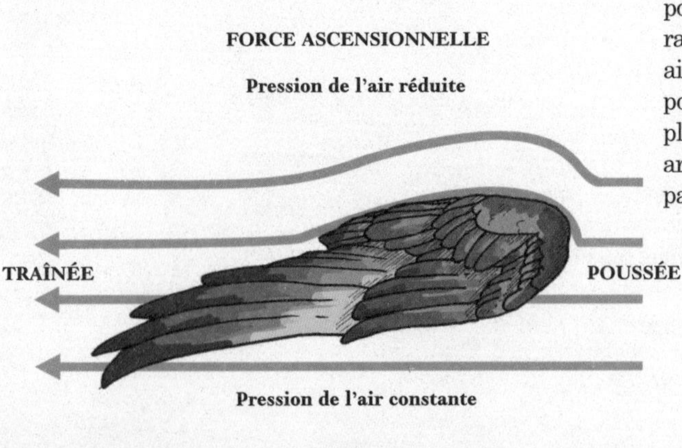

La forme d'une aile d'oiseau est conçue pour que la force ascensionnelle et la poussée soient maximales, tandis que le poids et la résistance de l'air sont minimales. À ces principes de base chaque espèce ajoute ses propres variantes.

mais qui sont remarquablement efficaces quand il s'agit de se poser sur le sol avec une extrême douceur ; les grands planeurs que sont les aigles et les vautours ont des ailes longues et larges, avec des plumes à leur extrémité qui se séparent comme des doigts et donnent à l'oiseau un parfait contrôle de son vol ; par contre les albatros ont des ailes longues et fines parfaites pour le vol plané très bas, au ras de la mer, sur d'énormes distances, profitant même du moindre changement de direction du vent.

La forme des plumes de chaque espèce importe également. Les plumes de contour, c'est-à-dire les plumes les plus extérieures qui donnent à un oiseau une grande partie de sa couleur et de sa forme, sont généralement rigides et résistantes, car elles soutiennent l'oiseau au cours de son vol. Chaque plume de contour est reliée à l'oiseau par un groupe de muscles qui contrôlent sa position.

Les plumes de contour les plus grandes qui se trouvent être aussi les plumes les plus importantes pour le vol, sont appelées « rémiges ». Les rémiges primaires – les plus grandes, les plus fortes et les plus extérieures – ont souvent l'apparence de doigts quand elles sont déployées, alors que les rémiges secondaires rendent des services inestimables quand l'oiseau prend son essor et bat des ailes. À l'extrémité arrière, les plumes de la queue, connues sous le nom de « rectrices », assurent la stabilité et contrôlent le vol.

Avec toute cette physique qui entre en jeu, on se demande comment les oiseaux parviennent à s'élever au-dessus du sol. Mais une fois qu'ils ont pris leur envol, nous ne pouvons que nous émerveiller de la stupéfiante habileté dont ils font preuve.

QUESTIONS D'ORNITHOLOGIE

Apportez votre contribution

Au cours de l'année passée combien avez-vous donné pour la protection des oiseaux et la recherche ? Je ne veux pas dire en impôts ou en cotisations.

Alors que ceux dont les intérêts sont incompatibles continuent de discuter sur les implications du changement climatique et les actions qu'il exige de notre part, ceux d'entre nous qui sont sur le terrain savent qu'il se passe quelque chose de grave. Pour quiconque s'aventure en pleine nature, il est évident qu'un bouleversement a lieu et que l'avenir est sombre.

Nous avons atteint le point où nous n'avons plus le choix. Le temps des discussions à n'en plus finir est révolu car des espèces disparaissent et nous sommes près de perdre des écosystèmes entiers. Ce qui est triste, c'est que nous allons subir des pertes de plus en plus considérables et nous ne pouvons rien faire pour modifier cette situation.

Si nous optons pour un point de vue plus optimiste, nous pouvons dire que beaucoup de choses peuvent encore être sauvées. Il y a même des écosystèmes qui peuvent être restaurés, ramenés à leur état ancien ou du moins peu s'en faut. Cependant, pour agir dans notre monde moderne, il faut de l'argent et, si nous voulons que les générations futures puissent avoir le plaisir de pratiquer notre passe-temps, il nous appartient de mettre la main à la poche avant qu'il ne soit trop tard.

L'OBSERVATION DES OISEAUX À NOËL

Bien que nous pensions surtout à la famille, aux amis et aux réjouissances à l'époque de Noël, les vacances nous offrent des occasions exceptionnelles de partage avec nos lointains cousins emplumés.

Par exemple, pour ma part, j'ai toujours eu l'impression que le cake de Noël ne mérite pas sa mauvaise réputation. Cependant je semble être la seule personne qui en mange vraiment avec plaisir ; je peux donc simplement supposer qu'après les vacances il reste dans de nombreuses familles un malheureux cake qui n'a pas été mangé.

Heureusement, de nombreux oiseaux de jardin trouvent, comme moi, tout à fait à leur goût ces merveilleux petits morceaux de fruits enrobés dans une pâte exquise. Contentez-vous de couper le cake en tout petits morceaux, éparpillez-les sur une feuille de papier sulfurisé ou d'aluminium, et laissez-les à l'air un jour ou deux. Quand ils seront devenus secs et friables, répandez-les sur le sol au pied de vos mangeoires.

Alors que les vacances tirent à leur fin, sans doute la coupe à fruits contient-elle des friandises peu appétissantes ; le garde-manger contient peut-être un demi-sac d'amuse-gueule rassis et les biscuits de Noël dans leur boîte ont perdu leur fraîcheur. Vous pouvez couper en petits morceaux tous ces restes et les répandre pour les petites bêtes avides. De plus, vous pouvez enfiler du pop-corn, des céréales et des fruits secs sur des ficelles pour confectionner des guirlandes comestibles que vous suspendez dans votre jardin.

RECYCLEZ VOTRE SAPIN

Le dernier jour des vacances, quand vous enlevez les décorations, accomplissez un acte respectueux de l'environnement avec votre vieil arbre de Noël.

Sortez-le dans le jardin et appuyez-le en oblique, selon un angle de 30 à 60 degrés, contre un piquet qui soutient une mangeoire ou contre quelque chose de similaire. Attachez-le sans le serrer avec du fil de fer pour éviter que les bourrasques de vent l'emportent dans le jardin du voisin.

Pendant le reste de l'hiver l'arbre servira d'abri à toutes sortes d'oiseaux chanteurs et de bestioles. Puis, au printemps, coupez en menus morceaux les brindilles, les branches et le tronc pour faire du paillis.

Partagez les friandises dont vous profitez pendant vos vacances avec les oiseaux qui égaieront votre jardin par leurs couleurs et l'animeront par leur présence.

L'OBSERVATION DES OISEAUX QUAND IL FAIT CHAUD

Regardez attentivement lorsque vous observez les oiseaux pendant les journées les plus chaudes de l'été : vous verrez alors comment ils utilisent des mécanismes complexes pour réguler la température de leur corps. Prendre un bain est pour eux la façon la plus simple de se rafraîchir.

Les oiseaux n'ont pas de glandes sudoripares. Aussi ont-ils recours à toutes sortes de méthodes pour éviter d'avoir trop chaud. À part le bain, qui est la plus évidente, et le halètement un peu moins évident mais néanmoins très fréquent, cela peut être un des aspects les plus passionnants du comportement des oiseaux.

Parmi les nombreux procédés utilisés, il y a la façon dont les mouettes qui couvent restent face au soleil toute la journée, en réduisant la surface de leur corps exposée au rayonnement. Toutefois très peu d'entre nous auront le privilège douteux de voir un vautour en train d'excréter sur ses propres pattes, afin que les matières le rafraîchissent en s'évaporant. Vous devez simplement vous rappeler que, de votre côté, il faut vous protéger de la chaleur.

Les endroits torrides

Il est étonnant qu'en dépit de chaleurs torrides toutes sortes d'oiseaux puissent survivre dans certains des lieux les plus chauds du globe. Par exemple le Parc National de la Vallée de la Mort – où on a enregistré dans la vallée elle-même des températures atteignant 56,7° – est fier de posséder près de 400 espèces d'oiseaux, alors que le Sahara occidental ne possède environ que 200 espèces différentes.

Il y a peu d'endroits sur terre – y compris les déserts les plus chauds et les plus secs – où on ne trouve pas quelques espèces d'animaux, par exemple le coucou terrestre de Californie.

LES MEILLEURS ENDROITS POUR OBSERVER LES OISEAUX

Qu'est-ce qui rend certains endroits exceptionnels à l'exclusion d'autres ? Il vous suffit de feuilleter un magazine sur la faune sauvage, d'interroger la Toile ou de bavarder avec un ami pour découvrir que des ornithologues débattent avec passion pour savoir quel est le meilleur endroit pour aller voir un oiseau rare ; mais les choses sont-elles aussi simples que cela ?

Sur la Toile de nombreux sites promettent à ceux qui les consultent de leur révéler quel est le lieu idéal pour l'observation des oiseaux. Dans ce cas l'objectif est la notoriété ou le gain. Par contre la discussion entre personnes prend souvent un tour sentimental.

La note personnelle

Certainement la première réaction d'un grand nombre d'entre nous est d'énumérer les endroits fameux que nous avons visités ou dont nous a parlé un ami ornithologue. Cependant, si nous réfléchissons un instant, nous pensons aux endroits près de chez nous, moins connus mais qui nous sont familiers. En d'autres termes, pour beaucoup d'entre nous les endroits de prédilection où nous nous rendons régulièrement sont nos meilleurs postes d'observation.

Je suis assez fier de l'habitat que j'ai conçu pour les oiseaux de mon jardin. Il s'agit certainement d'un des meilleurs lieux que je connaisse. Dans le même ordre d'idées le « Sanctuaire de la montagne du faucon » – le premier sanctuaire du monde réservé exclusivement aux oiseaux de proie – se trouve à environ 30 minutes de chez moi en voiture. À titre bénévole, j'y ai présenté des programmes et ce lieu est un de mes sites préférés. Les vacances que je passe en famille chaque été dans le sud du New Jersey m'ont permis de connaître un autre site célèbre dans le monde entier, « Cape May ». Quand j'y songe, je trouve toujours qu'un lien affectif me relie à tous les sites que j'aimerais faire figurer sur ma liste.

Naturellement la Toile est unique dans la mesure où elle fournit des listes, des informations et des conseils sur les lieux où aller pour être sûr de voir un oiseau particulier. Mais est-ce cela qui rend vraiment un site exceptionnel ? À mon avis, c'est le lien personnel, la joie que l'on éprouve en observant les oiseaux dans un environnement où on se sent à l'aise.

On peut trouver très facilement dans des revues spécialisées ou sur Internet des listes où figurent les meilleurs endroits pour observer les oiseaux. Mais même la liste la plus savamment préparée ne fera pas mention du lien personnel grâce auquel le site acquiert, à nos yeux, son caractère vraiment particulier.

LES OISEAUX LES PLUS DIFFICILES À OBSERVER

À l'heure où j'écris on peut considérer que le pic à tête d'ivoire, qui vit au sud-est des États-Unis, est peut-être l'oiseau de la planète le plus difficile à observer. Un certain nombre de personnes prétendent l'avoir vu et avoir fait des enregistrements sonores, ce qui est fortement contesté. Des ornithologues relativement nombreux considèrent que les affirmations suivant lesquelles le pic au bec d'ivoire a été repéré sont fausses, et croient toujours que l'oiseau a disparu avant la fin du siècle dernier, ce qui rendrait la tâche de ceux qui veulent le repérer plutôt ardue.

Il y a de bonnes raisons pour que l'on veuille prouver que vit encore un oiseau décrit par certains comme « l'Oiseau du Seigneur Dieu », car souvent ceux qui voyaient un spécimen sauvage pour la première fois s'exclamaient : « Seigneur Dieu ! »

Le pic à bec d'ivoire, que l'on croyait disparu, a-t-il pu être aperçu dans le sud-est des États-Unis ? Le débat continue de faire rage.

JOUER À CACHE-CACHE

L'éloignement de l'habitat explique en partie pourquoi un oiseau est difficile d'approche. Le pic à bec d'ivoire, s'il est vrai qu'il existe encore, habite de vastes marécages qui rendent presque impossible la traque de l'oiseau par voie terrestre. Une autre raison qui n'a rien d'encourageant – du moins aux yeux de ceux d'entre nous qui se soucient de l'environnement – c'est la rareté de plus en plus importante de nombreuses espèces. Malheureusement, à cause du changement global du climat, sans parler de la déforestation et de l'empiètement de l'espèce humaine sur ces régions sauvages dont la surface diminue inexorablement, des espèces d'oiseaux de plus en plus nombreuses deviendront de plus en plus difficiles d'approche.

Alors, lorsqu'on a dépassé le point de rupture, l'euphémisme « difficile à observer », qui choque moins que l'expression « en voie d'extinction », devient superflue. Un oiseau meurt et disparaît, on ne le reverra jamais.

Du moins, c'est souvent ce qui se passe. Cependant, il arrive qu'un sursis soit accordé de temps à autre à l'espèce, ce que l'on espère pour le pic à bec d'ivoire. Un exemple d'oiseau récemment redécouvert est le pétrel de Beck de Papouasie-Nouvelle-Guinée.

Naturellement, plus d'une fois j'ai qualifié de difficiles à observer des oiseaux communs qui se trouvent dans le voisinage immédiat, en particulier lorsque, au cours d'une excursion ornithologique, j'ai été le seul à ne pas les apercevoir !

LES OISEAUX « HORS SECTEUR »

Si vous passez du temps à lire les listes de coches d'autres ornithologues, à suivre en ligne les groupes qui discutent des oiseaux qu'ils ont vus, vous êtes certain de tomber sur l'expression « hors secteur ». Sans ces oiseaux qui, d'une façon ou d'une autre, s'aventurent au-delà de leur secteur normal, les listes de coches seraient généralement beaucoup plus courtes et l'observation des oiseaux moins passionnante.

Le terme « hors secteur » peut tout simplement concerner un oiseau que l'on trouve en dehors de sa zone géographique normale. On peut aussi l'employer en référence aux saisons quand l'espèce se trouve là en certaines périodes de l'année, ce qui n'est pas la règle générale.

Des orages violents expliquent souvent pourquoi on voit des oiseaux hors secteur, et des groupes d'ornithologues en ligne sont particulièrement affairés après qu'un orage a chassé les oiseaux en dehors de leur secteur normal. De même des modifications soudaines dans l'habitat dont sont responsables les hommes ou la nature (par exemple les grands feux de forêt) peuvent chasser les oiseaux dans de nouvelles directions.

LE CAS DU COLIBRI ROUX

Lorsqu'on voit des oiseaux hors secteur, cela peut également révéler des changements de comportement d'une espèce. Et c'est peut-être ce qui se passe aux États-Unis dans le cas du colibri roux que le groupe de recherche sur les colibris surveille de près.

Le groupe comprend des bagueurs qui travaillent dans différentes parties du pays. Ils attrapent et baguent des colibris roux. Il s'agit d'une espèce qui vit en général dans l'ouest des États-Unis, mais elle est apparue de plus en plus régulièrement à proximité de la côte est. Les oiseaux, semble-t-il, explorent de nouvelles aires d'hivernage en Géorgie du Sud, dans la partie septentrionale de la Floride et à l'ouest jusque dans le Texas – ce qui est un changement considérable par rapport à leur pays d'hivernage habituel, le Mexique.

Ce comportement a d'abord été remarqué au milieu des années 70 et attribué à une « migration boomerang », au cours de laquelle les oiseaux se dirigeaient vers leurs lieux habituels au Mexique puis retournaient vers le nord en gagnant le sud des États-Unis. Cependant, selon les chercheurs, les oiseaux empruntent en fait une nouvelle voie de migration, en remontant vers le nord-ouest en direction des États du milieu de la côte Atlantique

L'apparition de colibris hors secteur cause souvent un grand tohu-bohu dans le monde local des ornithologues, mais peut-être des oiseaux hors territoire sont-ils en train d'agrandir leur zone géographique.

et en redescendant vers le sud dans la région du golfe du Mexique. En même temps, semble-t-il, une mutation génétique se produit qui incite les petits oiseaux à gagner leurs nouvelles zones d'hivernage.

Avec le réchauffement climatique et l'augmentation du nombre de jardins dans le sud-est des États-Unis, les oiseaux qui ont subi cette modification génétique survivent là où ils n'auraient peut-être pas pu survivre il y a quelques années et, ce faisant, le nombre d'oiseaux de l'espèce avec la même tendance génétique s'accroît. Si la tendance continue, un jour prochain l'espèce pourra ne plus être considérée comme hors secteur dans cette région.

Autres causes

La plupart des oiseaux de cette espèce qui sont hors secteur ne survivent pas assez longtemps pour marquer un nouveau territoire. Cependant certains ont la chance d'échapper à suffisamment de prédateurs et à d'autres dangers pour voyager assez loin dans la « mauvaise » direction et ainsi figurer sur la liste de coches d'un ornithologue.

Seul le temps révèle si un oiseau hors secteur est le courageux pionnier qui explore un nouveau territoire ou s'il est simplement égaré.

Autre possibilité dont on peut tenir compte pour tout oiseau hors secteur : il s'est échappé d'une cage ou a été libéré. Malheureusement il y aura toujours ces amateurs d'oiseaux qui leur font parcourir de longues distances enfermés dans des cages. Les évasions ne sont pas rares, les oiseaux s'échappent régulièrement ; mais ils sont souvent condamnés à court terme.

Questions d'ornithologie

Dois-je informer autrui ?

Nous avons déjà abordé cette question, mais c'est un problème qui vaut la peine qu'on y revienne. À plusieurs reprises quelqu'un repère un oiseau extrêmement rare, un oiseau que bien d'autres ornithologues veulent voir personnellement. La nouvelle se répand rapidement – à notre époque moderne souvent aussi vite que sur Internet – et on a l'équivalent en ornithologie du tapis rouge pour une célébrité.

La foule, les difficultés pour se garer caractérisent la zone où l'on peut trouver l'oiseau. Cependant, à la différence des endroits à la mode où l'on peut voir des célébrités, les propriétaires de ces lieux exceptionnels pour les ornithologues n'apprécient pas particulièrement cette situation.

La question de savoir si on doit communiquer les données d'un site où un oiseau a été aperçu est de première importance. Partager ce qu'on fait avec d'autres est un plaisir, cela va sans dire, et il est indéniable qu'on éprouve une certaine fierté à être le premier à annoncer la présence d'un oiseau rare. Admettez-le, plus d'une fois vous avez profité d'annonces semblables de la part d'autres ornithologues.

Cependant ce n'est pas sans inconvénient. Il importe donc de considérer les conséquences de votre annonce. Est-ce que la pression qu'exerceront les ornithologues mis au courant portera préjudice aux terres du propriétaire ? Et – ce qui est le plus important – y aura-t-il des répercussions négatives sur l'oiseau qui se trouve au centre de cette effervescence ? Vous devez peser avec soin le pour et le contre, car une fois que le secret est révélé, il est impossible de faire marche arrière.

L'ORNITHOLOGIE ET LES MYTHES

Les mythes et les légendes sont inséparables de tout passe-temps. On écoute, on répète, on embellit et on exagère toutes sortes d'histoires. Sans aucun doute Internet a multiplié et propagé les mythes à l'infini. Il a même donné naissance à des sites sur la Toile qui se consacrent uniquement à traquer et à démystifier les mythes dont beaucoup semblent devoir se perpétuer malgré tout.

Vous savez tous que vous devez cesser de nourrir les oiseaux dans votre jardin de la fin de l'été jusqu'au début de l'automne pour éviter que les oiseaux renoncent à leurs migrations normales, n'est-ce pas ? L'hypothèse de base est que la nourriture que nous leur offrons est meilleure que celle qu'ils trouvent dans la nature. Mais est-ce vrai que les oiseaux soient devenus dépendants de notre générosité au point de ne pas suivre les habitudes contractées par mille générations précédentes ?

MATIÈRE À RÉFLEXION

Les mythes en rapport avec la nourriture sont parmi les plus populaires. Le premier, c'est que les oiseaux devenus dépendants des mangeoires de votre jardin mourront de faim si vous cessez de les nourrir en hiver. Mais sont-ils vraiment dépendants de ce que vous leur donnez ?

Il y a aussi l'ancienne rumeur, plutôt macabre, selon laquelle le riz que l'on jette à l'occasion des mariages et que mangent les oiseaux gonfle dans leur estomac jusqu'à ce que leurs boyaux explosent et que mort s'ensuive. Mais, pour ceux qui racontent cette histoire, quelle est la différence entre les grains de riz qu'on jette à la fin d'une cérémonie nuptiale et le riz qui pousse dans les champs et que dévorent les oiseaux sauvages ?

D'un point de vue un peu plus scientifique, on prétend que les hirondelles noires mangent chaque jour quelque deux mille moustiques chacune. En fait il y a un grain de vérité dans cette histoire fondée sur des études du contenu de l'estomac d'un nombre limité d'hirondelles. Cette affirmation ne tient pas compte de nombreuses autres études selon lesquelles les moustiques, qui sont des insectes surtout nocturnes, ne constituent qu'une petite partie du régime alimentaire de l'hirondelle qui, de toutes façons, est un oiseau diurne.

D'AUTRES MYTHES

Les mythes concernant les oiseaux ne se limitent pas à leur régime alimentaire. On peut citer les mythes classiques de jadis : le phénix qui renaît de ses cendres, le rock d'Asie qui se repaît d'éléphants et l'alcyon qui peut faire son nid sur les eaux tranquilles de l'océan.

Certes, on ne croit plus à ces fables. Néanmoins des croyances un peu plus prosaïques mais tout aussi risibles demeurent : le colibri à gorge rubis étant trop petit pour entreprendre seul sa migration, chevauche la bernache du Canada. Qu'en est-il pour la bernache et comment le colibri tient-il sur son dos ?

Revenons sur terre où la vie amoureuse des oiseaux donne libre cours à la spéculation. Le mythe du cygne qui dépérit après la mort de sa compagne n'est aucunement fondé. En fait les cygnes ont parfois plus d'une compagne et ils ne sont pas particulièrement difficiles dans leur choix. On cite un cygne noir nommé Petra, qui s'est un jour épris d'un pédalo dans un zoo en Allemagne !

Peut-être ce qui de nos jours ressemble le plus aux légendes classiques des grands oiseaux concerne l'aigle géant. Qu'importe l'espèce d'aigle dont il s'agit. Invariablement ce roi du ciel fond sur une proie de taille impressionnante et l'emporte, qu'il s'agisse d'un gros chien, d'une biche ou même d'un enfant. Et cela sans le moindre effort, d'un simple battement d'ailes.

Sans aucun doute ces mythes ne disparaîtront pas et je suppose que la plupart sont anodins. Mais s'il vous arrive de vous laisser séduire par l'un d'entre eux, ne dites pas que je ne vous ai pas prévenu.

Le pygargue à tête blanche n'est en aucune façon aussi noble, aussi majestueux, aussi courageux que l'ont prétendu ceux qui l'ont sacré symbole national des États-Unis.

INDEX

BIBLIOGRAPHIE

BASQUE Rémy, *Plumes au vent*, Éditions Apogée.
BURTON Robert, *Observer les oiseaux du jardin*, Éditions Delachaux et Niestlé.
CHANTELAT Jean-Claude, *Les Oiseaux de France*, Éditions Solar.
COUZI Laurent et LACHAUD Laurent, *La Vie des oiseaux*, Éditions Sud-Ouest.
DARMANGEAT Pierre, *Observer les oiseaux*, Éditions Artémis.
DORST J., *Avant que Nature meure*, Éditions Delachaux et Niestlé.
DORST J., *Les Migrations des oiseaux*, Éditions Payot.
DUBOIS Philippe J. et al., *Nouvel inventaire des oiseaux de France*, Éditions Delachaux et Niestlé.
GÉROUDET P., *La Vie des oiseaux – les palmipèdes, les limicoles*, Éditions Delachaux et Niestlé.
GISMONDI Élisabeth, *J'accueille et je protège les oiseaux de mon jardin*, Éditions De Vecchi.
HUME Rob, LESAFFRE Guilhem, DUQUET Marc, *Oiseaux de France et d'Europe*, Éditions Larousse.
JENKINS Alison, *Maison d'oiseaux*, Éditions Le Courrier du Livre.
LARS Johnson, *Les oiseaux d'Europe*, Éditions Nathan.
MULLARNEY Killian, SVENSON Lars, ZETTERSTRÖM Dan, GRANT Peter J., *Le Guide ornitho. Les 848 espèces d'Europe en 4000 dessins*, Éditions Delachaux et Niestlé.
PETERSON R. T., MOUNTFORT G., HOLLEN P., *Guide des oiseaux de France et d'Europe*, Éditions Delachaux et Niestlé.
WALTERS Michael, *Les Œufs d'oiseaux*, Éditions Bordas.
YEATMAN-BERTHELOT D., JARRY G., *Atlas des oiseaux de France en hiver*, Société Ornithologique de France.
YEATMAN-BERTHELOT D., JARRY G., *Nouvel atlas des oiseaux nicheurs de France* (1985-1989), Société ornithologique de France.